P9-BJK-169

PASSER AU RANG DE PÈRE

IDENTITÉ SOCIOHISTORIQUE ET LITTÉRAIRE AU QUÉBEC

COLLECTION « ESSAIS CRITIQUES »
DIRIGÉE PAR JACQUES PELLETIER

DU MÊME AUTEUR

La littérature franco-ontarienne : enjeux esthétiques, sous la direction de Lucie Hotte et François Ouellet, Ottawa, Le Nordir, 1996.

D'un dieu l'autre. L'altérité subjective d'Emmanuel Bove, Québec, Éditions Nota bene, 1998.

Literatur in Quebec. Eine Anthologie/Littérature québécoise. Une anthologie. 1960-2000, en collaboration avec Hans-Jürgen Greif, Heidelberg, Synchron, 2000.

Traversées. Lettres, en collaboration avec François Paré, Ottawa, Le Nordir, 2000.

100 romans français qu'il faut lire, en collaboration avec Hélène Gaudreau, Québec, Éditions Nota bene, 2002.

FRANÇOIS OUELLET

PASSER AU RANG DE PÈRE

Identité sociohistorique et littéraire au Québec

Éditions Nota bene

Nous remercions le Conseil des Arts du Canada, le ministère du Patrimoine canadien ainsi que la SODEC de l'aide accordée à notre programme de publication.

L'auteur remercie le Conseil de recherche en sciences humaines du Canada pour la subvention de recherche qu'il lui a accordée.

L'essentiel est que le père donne à penser.

Paul-Laurent Assoun

AVANT-PROPOS

Passer au rang de Père poursuit l'objectif suivant : comprendre le destin historico-polidftique du Québec et la complexion psychologique qui lui est propre par le biais de la métaphore paternelle. Métaphore paternelle ou figure du Père, il s'agit avant tout d'un signifiant (la représentation, dans le discours et dans l'imaginaire collectif, de traits symboliques qui font office d'autorité : au premier titre la Loi, Dieu, l'Institution), et de son articulation dans le cadre d'un rapport de force.

M'intéressera d'abord la façon dont le signifiant paternel informe l'histoire et investit la littérature, principalement la forme romanesque, que je tiens pour un discours privilégié du savoir. Ma démarche consistera à généraliser à l'histoire sociopolitique du Québec un cadre d'interprétation que j'ai élaboré – et que je continue de développer – dans le contexte des études littéraires[1]. Cette démarche, qui fraye avec la psychanalyse freudienne et lacanienne sans pourtant lui accorder jamais la première place, constitue à cet égard le volet sociohistorique d'une réflexion sur la littérature québécoise dont rendront compte plus spécifiquement des publications ultérieures.

D'autre part, ma réflexion s'accompagne d'un parti pris d'ordre éthique. Au-delà du fait que la question du père déploie une structure signifiante à partir de laquelle peut (doit) se lire le destin culturel et politique d'une société, il est clair que cette question s'impose d'autant plus que notre société a perdu à peu près tout sens des valeurs et de la responsabilité civique. C'est avant tout parce qu'il y a perte de sens qu'il faut introduire la

---

1. Voir principalement *D'un dieu l'autre. L'altérité subjective d'Emmanuel Bove,* Québec, Éditions Nota bene, 1998.

question du père comme voie de réflexion. S'il y a perte, c'est parce qu'il n'y a plus guère de père, ou du père en pure perte, de la même façon que s'il y eut jamais, en opposition à la perte, un sens plein, ce fut en raison de la plénitude de la Loi. Le père est un concept clef de voûte qui est dépositaire du sens et du parcours d'une vie individuelle, qui éclaire les grands enjeux sociaux et culturels fondamentaux, qui permet de prendre la mesure de la civilisation et de son destin. Sans doute fallait-il que ce concept signifiant soit donné ni plus ni moins comme mort pour que l'on puisse mesurer l'ampleur de sa perte et en dresser le bilan. Si ce constat n'est pas seulement propre au Québec, on verra que notre situation historico-politique a conduit à un développement singulier de la question du père.

J'ai choisi d'exposer d'emblée et le plus brièvement possible le développement théorique de la question du père à partir de la pensée de Freud et de Jacques Lacan. Car il importe en premier lieu de comprendre comment la présente réflexion sur le développement historique et culturel du Québec peut fondamentalement s'autoriser d'une telle perspective critique, en rappelant que tout discours situe systématiquement l'intervenant dans une construction intellectuelle signifiante qui relève d'un univers symbolique qui le dépasse. C'est la teneur signifiante de ce discours que je me propose ensuite de saisir en rapport avec l'histoire et la littérature. J'envisagerai une lecture de l'histoire où il apparaît que le Québec s'inscrit traditionnellement dans une posture aliénante de fils vis-à-vis du pouvoir et de l'autorité, qu'ont pu incarner aussi bien la couronne britannique, le discours ultramontain que la politique de Pierre Elliott Trudeau. Quant à la littérature, il s'agira de montrer globalement comment le roman, en particulier, s'écrit du « point de vue du fils », de quelle façon obstinée et désespérée il témoigne, dans son évolution, d'une volonté sans cesse brisée d'accéder à la paternité symbolique. La question du père a été immédiatement au cœur du développement de la forme romanesque, qui n'a cessé depuis de manifester à cet égard une ambivalence profondément conflictuelle ; cette dimension conflictuelle culminerait aujourd'hui dans la manifestation d'un désarroi qui se donne à lire dans la nostalgie du sacré. En

*la démocratie remplacée par
l'économique.*

ce sens, la pensée d'essayistes comme Fernand Dumont et Pierre Vadeboncœur acquiert une valeur éminemment actuelle. Je leur consacre donc un chapitre succinct.

Après avoir défini la problématique du père en fonction de champs culturels précis (l'histoire et la littérature), il importait de faire état des conséquences du trajet québécois. Il est clair que le Québec est psychologiquement engagé depuis longtemps dans une structure socioculturelle pernicieuse qui repose sur un profond sentiment de culpabilité, que traduit la revendication d'une posture victimaire. La culpabilité naît d'une incapacité primordiale d'assumer la révolte contre le père ; situation d'abord canadienne-française qui se répercute dans l'évolution du Québec contemporain, ce dont témoigne notamment le double échec référendaire. Qu'il y ait là, par ailleurs, une attitude propre à une idéologie postmoderne qui transcende l'histoire québécoise, cela est certain. C'est pourquoi il fallait successivement insister sur la particularité du cas québécois et indiquer en quoi le postmodernisme est l'héritier du déclin du signifiant paternel. Le postmodernisme inscrit à la fois une continuité par rapport à la modernité (dans la mesure où il accentue la chute du signifiant paternel) et une rupture (dans la mesure où il pervertit l'idéal démocratique et substitue le règne économique à la valeur éthique de la paternité). Ainsi, le postmodernisme, défini comme la posture privilégiée du fils néo-libéral déresponsabilisé de toute intervention civique, fait obstacle à la nécessité québécoise de passer au rang de père. Enfin, l'on conclura que poser la question du père dans sa fonction légalisante et structurante, c'est ultimement devoir convoquer la question nationale – et en tirer les conséquences, à la condition qu'elles s'accompagnent d'une réforme sociale substantielle qui reconnaisse à la figure du père, comme support symbolique des valeurs culturelles et sociales, une position de filiation et de transmission centrale.

Je rappelle que je ne suis pas le premier à proposer une lecture du parcours historique et identitaire québécois à la lumière de la figure du père ou/et de la psychanalyse. Mais je ne crois pas qu'on l'ait jamais fait de façon aussi systématique. À partir de la notion freudienne de « roman familial », développée par

Marthe Robert, Heinz Weinmann a produit une brillante synthèse historique des rapports entre le Québec et le Canada. La
question du père y est cependant absente. Jean Larose a abordé
cette question dans divers textes, l'a soulevée à maintes reprises
dans le cadre de l'émission *Passage*, qu'il anime avec Georges
Leroux sur les ondes de Radio-Canada ; mon propos rejoint
indéniablement le sien en plusieurs points. Fernand Dumont
s'est occasionnellement intéressé à la question du père et a
également pratiqué une démarche qui, se donnant pour objectif
la reconstitution de « genèses », s'inspire de la psychanalyse[2].
D'autre part, dans la mouvance des théories colonialistes dans
les années 1960, quelques écrivains, dont Hubert Aquin et Jean
Bouthillette, ont proposé un regard qui lie le Québec à la
question de l'aliénation du sujet par suite de l'intériorisation du
regard de l'autre sur soi ; mais cette question n'est qu'un aspect
minimal du complexe paternel dont elle participe, complexe
qu'il importe par ailleurs de saisir dans une perspective d'analyse et de compréhension beaucoup plus globale.

---

2. Dans *Le sort de la culture,* il écrit vouloir se livrer « à une *psychanalyse* de l'idée (ou de l'idéologie, comme on voudra) de développement
culturel » (Fernand DUMONT, *Le sort de la culture,* Montréal, l'Hexagone,
1987, p. 9).

LA RÉFÉRENCE PSYCHANALYTIQUE

LE DISCOURS SIGNIFIANT

Avant toute chose, je voudrais insister sur les conditions et les effets d'une certaine structure. Il ne s'agit pas d'une psychologie du père, mais des liens psychologiques, des lignes de forces structurelles, qu'énonce la question du père. Le père « n'est jamais que référentiel. Nous interprétons telle ou telle relation avec le père [...]. À lui se réfère quelque chose[1] », insiste Lacan. Ou encore, comme le dit Paul-Laurent Assoun, « la fonction du père est de rendre un rapport possible », de sorte que ce qui doit nous intéresser, ce n'est pas le père, mais « les fonctions qui, dans l'inconscient, y sont associées[2] ». C'est bien pourquoi nous vivons dans un univers symbolique. Nos pensées, nos gestes, nos convictions, le sens des relations que nous entretenons avec les autres se rapportent à l'élaboration d'une structure signifiante inconsciente fondatrice de la réalité que nous habitons. La réalité est un effet de discours, la vie radicalement symbolique. Nous vivons dans un univers de signes, de signifiants, qui sont chargés de tout un poids historique, idéologique, culturel, de tout un système de représentations. Plusieurs l'ignorent, certains le savent mais l'oublient, quelques-uns en font le cadre de leur réflexion.

Pour comprendre comment se construit cette structure de relations signifiantes, comment s'énonce le destin d'une communauté, il faut d'abord relire les essais consacrés par

---

1. Jacques LACAN, cité par Érik PORGE, *Les noms du père chez Jacques Lacan. Ponctuations et problématiques,* Ramonville Saint-Agne, Érès, 1997, p. 8.
2. Paul-Laurent ASSOUN, « Fonctions freudiennes du père », *Le père. Métaphore paternelle et fonctions paternelles : l'interdit, la filiation et la transmission,* Paris, Denoël, 1989, p. 27.

Freud au mythe du meurtre du père primitif[3]. Ce mythe, qui se présente comme une « interprétation par la psychanalyse de la vie sociale des peuples primitifs », sert à Freud à illustrer le fonctionnement de l'œdipe et sa résolution. L'hypothèse de Freud est la suivante. Aux temps primitifs, les hommes vivaient en petites hordes sous la domination d'un mâle puissant. Ce mâle était une sorte de roi, dont le pouvoir était illimité ; toutes les femmes lui appartenaient, et il pouvait châtier ou brutaliser tous ceux qui lui désobéissaient. Un jour, les fils se révoltèrent et tuèrent le père. Toutefois, le parricide généra chez les fils un intense sentiment de culpabilité, au point qu'il remodela cette part du psychisme qu'est le moi et qu'il s'en détachât une partie, le surmoi. Autrement dit, l'agressivité extériorisée par le fils envers le père se retourna en une agressivité du père envers le fils intériorisée par celui-ci. Conséquemment, le père devint plus puissant encore mort que vivant.

C'est pourquoi le meurtre du père primitif est à l'origine de la formation du lien social et du sentiment religieux, nous dit Freud, car il favorise le regroupement des fils et le développement d'un idéal collectif. Pour apaiser leur sentiment de culpabilité envers un père qu'ils avaient haï mais vénéré (leur envie étant proportionnelle à la reconnaissance de la suprématie du père), les fils élevèrent un emblème en son honneur, un totem. Objet de vénération, le totem est aussi objet de réconciliation. Afin d'éviter de reproduire la domination excessive du père tout-puissant, les fils décrétèrent le tabou de l'inceste et édictèrent une première loi fondamentale : tu ne tueras point ton père. Ainsi le regroupement des fils à la suite du parricide constitue la première forme de socialité. La viabilité du contrat est garantie par le respect des interdits, et postule un idéal selon lequel les fils sont égaux. Le père mort revient pour faire lien sous la forme de l'identification (le sujet s'identifie au lieu du père), laquelle met en place l'idéal du moi, qui permet à chacun de trouver sa place dans la société dans le respect de règles morales et éthiques. Ce « contrat » fondateur est « la forme

---

3. Sigmund FREUD, *Totem et tabou,* Paris, Gallimard, 1993, et *L'homme Moïse et le monothéisme,* Paris, Gallimard, 1986.

institutionnelle d'une loi interne propre à chacun[4] », comme le dit Alain Delrieu.

Avec le meurtre du père, nous passons donc d'un état de nature à un état de culture, c'est-à-dire que nous entrons dans un système symbolique. Du coup, le totémisme se donne à comprendre comme « la première manifestation de la religion dans l'histoire humaine[5] », car les hommes ont institué un objet de vénération tout-puissant. Dieu apparaît comme « une figure postérieure au meurtre du père primitif, il en est un substitut nostalgique, le signe d'une tentative d'expiation du meurtre primordial[6] ». Comme le dit Lacan, le Dieu de Freud est un « Dieu-symptôme ». Paul-Laurent Assoun précise :

> *La névrose matérialise la conversion de l'acte primitif en « réalité psychique » : d'un côté donc le geste fatidique, de l'autre la « conscience coupable », avec son cortège d'«impulsions » et de « motions affectives » qui miment en quelque sorte,* in petto, *la violence primitive. C'est peut-être dans les affres de la pensée compulsionnelle que le meurtre du père se fait le plus sensible à l'intériorité psychique. À vrai dire, la « preuve » du meurtre, c'est justement cette manifestation symptomatique[7].*

Qu'est-ce à dire, sinon que la condition même de l'interdit est la nécessité de sa transgression *intellectuelle,* chacun ne pouvant passer au rang de père que partant d'un parricide intériorisé. Le meurtre du père primitif est forcément un mythe, qui cependant est constitutif de la structuration du sujet. C'est bien à cet égard que les mythes traduisent les vérités profondes, qu'ils sont la traduction imagée de schèmes intellectuels ou pulsionnels fondamentaux. Structure intellectuelle par excellence, le mythe du meurtre du père primitif par ses fils conjurés

---

4. Alain DELRIEU, « Freud et la question du lien social », dans Marcos ZAFIROPOULOS (dir.), *Aspects du malaise dans la civilisation,* Paris, Nazarin, 1984, p. 185.

5. Sigmund FREUD, *L'homme Moïse et le monothéisme, op. cit.,* p. 173.

6. Érik PORGE, *Les noms du père chez Jacques Lacan, op. cit.,* p. 25.

7. Paul-Laurent ASSOUN, « Fonctions freudiennes du père », *loc. cit.,* p. 42.

paraît informer l'ensemble des discours et gestes de l'humanité. On sait que Claude Lévi-Strauss a brillamment salué, dans
Les structures élémentaires de la parenté, la valeur de « contre-
ordre » du mythe freudien :

> *Et le prestige de ce rêve* [le désir de la mère ou de la
> sœur, le meurtre du père et le repentir des fils], *son*
> *pouvoir de modeler, à leur insu, les pensées des*
> *hommes, proviennent précisément du fait que les actes*
> *qu'il évoque n'ont jamais été commis, parce que la*
> *culture s'y est, toujours et partout, opposée. Les satis-*
> *factions symboliques […] sont autre chose, et plus que*
> *cela : l'expression permanente d'un désir de désordre,*
> *ou plutôt de contre-ordre. Les fêtes sociales jouent la*
> *vie à l'envers, non parce qu'elle a jadis été telle, mais*
> *parce qu'elle n'a jamais été, et ne pourra jamais, être*
> *autrement*[8].

Dans cette foulée, Julia Kristeva précisait pertinemment :

> *Que cet événement meurtrier puisse être tout autant*
> *mythique que fondateur, qu'il soit à la fois clef de voûte*
> *du désir dit désormais œdipien, et coupure instaura-*
> *trice du signifiant susceptible d'enchaînement logique,*
> *l'écoute analytique ne le sait maintenant que trop. Les*
> *divergences et même les contradictions avec cette*
> *thèse freudienne n'en sont en définitive que des va-*
> *riantes et des confirmations*[9].

C'est pourquoi Lacan affirmera que *Totem et tabou* est « un des
événements capitaux de notre siècle[10] », développant une
théorie du sujet qui y renvoie. Le mythe devient bel et bien ce
« quelque chose de plus fort que la vérité » dont parlait Élie
Faure, un peu de la même façon que Proust a pu dire que la

---

8. Claude LÉVI-STRAUSS, *Les structures élémentaires de la parenté,*
Paris, La Haye, Mouton & Co, 1967, p. 563.
9. Julia KRISTEVA, *Pouvoirs de l'horreur. Essai sur l'abjection,* Paris,
Seuil, coll. « Points », 1983, p. 72. La dernière phrase fait allusion aux
théories de René Girard.
10. Jacques LACAN, *Le séminaire V. Les formations de l'inconscient,*
Paris, Seuil, 1998, p. 310.

vraie vie, c'est la littérature. À ce propos, ce qui au premier titre *légitimerait* le mythe freudien du parricide, ce serait sans doute le fait que le roman en est la contre-épreuve. S'il doit y avoir une « preuve » de la validité de la thèse freudienne, c'est certainement le fait que le roman moderne, depuis Cervantès et Defoe – mais de façon particulièrement insistante le roman du premier tiers du XXe siècle, qui correspond à la période durant laquelle Freud élabore sa psychanalyse du père –, fait symboliquement état des enjeux qu'elle soulève.

MOÏSE LE FILS

Ce mythe fondateur du meurtre du père primitif raconte donc essentiellement une histoire, à partir de laquelle se met en place les grands schèmes de pensée à travers lesquels les hommes font l'Histoire, rejouant incessamment les conditions existentielles qu'ils impliquent. Je voudrais revenir sur la culpabilité du fils et le statut d'exception auquel l'appelle le processus d'identification au père, en racontant une dernière histoire, essentielle parce qu'elle nous permet de mieux comprendre ce que signifie *être un fils* : l'histoire que raconte le Pentateuque et que Freud a « revue » dans son ouvrage sur la figure de Moïse (complément indispensable à *Totem*), dont sont tirées depuis toutes les histoires que nous racontent les romans. Si l'interdit de parricide se soutient de la nécessité de chacun de tuer le père en pensée, l'intérêt de l'histoire de Moïse tient au fait qu'elle *joue* le mythe à la lettre, dévoile de façon exemplaire l'impératif de la scène intérieure, de « l'autre scène ».

Fils d'esclave hébreux, Moïse devient un prince égyptien, probablement sans se douter de ses origines. Un jour – apprenant la vérité ? peut-être –, il renie Pharaon, son père adoptif, et choisit de partager le sort des esclaves juifs. Moïse libère son peuple de la tutelle égyptienne et le guide pendant quatre décennies à travers le désert. Par lui, nous le savons, adviendra la religion monothéiste. Ce qui m'intéresse, c'est Moïse *en tant que fils,* contrairement à Freud qui s'intéresse à Moïse comme père. On oublie souvent qu'un père a d'abord été un fils (et

continue d'être un fils) – et cela est fondamental, parce que
pour comprendre comment quelqu'un devient père (ou plus
précisément comment il cherche à le devenir ou comment il lui
est possible de le devenir), il faut d'abord savoir quel sorte de
fils il a été. Dans son essai sur Moïse, Freud a avancé la thèse
selon laquelle le législateur hébreu était en réalité un Égyptien[11] qui aurait été assassiné par son peuple, digne représentant du père primitif tué par les fils de la horde. Mais avant
d'être père, Moïse aura été fils ; autrement dit, avant d'être
assassiné, il aura été obligatoirement assassin, puisqu'il n'y a
de fils possible qu'en fonction du père mort. C'est là
l'essentiel, car le crime du fils est actif, il engage tout son être
et détermine son destin (c'est-à-dire son évolution vers la
paternité et la manière dont il va se positionner comme père, la
manière dont il va user de son autorité) ; en revanche, le père
est celui qui prend acte du destin qu'il s'est créé, il a un rôle
nettement plus passif : ni plus ni moins, il attend d'être
assassiné. Le destin de tout père est d'être assassiné par le fils,
ou plutôt d'*accepter* d'être un jour assassiné.

Dans l'Ancien Testament, nous découvrons effectivement
que Moïse aurait tué un homme au cours d'une altercation.
Mais cet événement n'importe pas en soi ; en revanche, il
figure comme l'intrusion concrète d'un meurtre symbolique
d'une valeur signifiante, en l'occurrence le reniement par
Moïse de Pharaon, son père adoptif. Or, Moïse est comme tous
les hommes (plus exactement il annonce tous les hommes) : du
moment qu'il a éliminé le père, le sens chancelle, mais ce
chancellement, qui peut conduire le sujet aux abords de
l'abîme, est la condition d'émergence d'un sens nouveau ; il
rend nécessaire la volonté de se faire père, de passer du rang de
fils au rang de père. Tuer le père afin de passer au rang de père,

---

11. Hypothèse qui continue de faire écrire. Voir le récent ouvrage de
l'égyptologue Rolf KRAUSS, *Moïse le pharaon,* Paris, Éditions du Rocher,
2000. Voir aussi dans *Le Figaro* du 20 septembre 2000 l'hypothèse selon
laquelle Moïse serait Ramsès Ier. Cet incessant questionnement sur l'identité
du prophète a amené récemment la direction de la revue *Notre histoire* à
consacrer un dossier à la question (*Notre histoire*, dossier « Moïse après
Moïse », n° 184, janvier 2001, p. 31-52).

c'est devenir père pour soi-même, mais autre que ce que fut le père : le meurtre symbolique doit permettre au fils de redéfinir sa relation au père, le rapport à la paternité. Le meurtre est le point de départ d'une nouvelle vie, si l'on veut, parce qu'il est l'expression la plus extrême d'un désir de redéfinir l'image du père. Cette nouvelle vie, ce nouveau rapport à la paternité, Moïse le trouvera conséquemment dans un positionnement particulier dans le peuple juif, l'ennemi symbolique de celui qu'il a renié. Il sera pour lui-même cet autre père, celui du monothéisme.

Il faut voir de plus près ce qu'implique devenir « cet autre père », ce passage, si fondamental, d'un système de croyance à un autre. Le meurtre du père, nous le savons, génère un intense sentiment de culpabilité. Or, plus l'individu conçoit une *image* supérieure du père, plus ce sentiment de culpabilité est intense, et par conséquent, plus la réparation exigée pour obtenir l'innocence et devenir soi-même père est grande. Le rachat du meurtre du père est proportionnel à l'intériorisation de la grandeur de la figure du père par le fils et à la culpabilité qui s'y rattache. Ce qui compte, c'est l'intériorisation par l'enfant de l'image du père, bien qu'il soit évident que plus le père est important socialement, plus est grand le risque que le fils reçoive une image écrasante et paralysante de ce père. Or, ce qu'il y a d'extraordinaire dans le cas de Moïse, c'est l'exceptionnelle grandeur de la figure abattue, qui appelle obligatoirement pour Moïse, s'il veut moralement s'en sortir et ne pas crouler sous un trop fort sentiment de culpabilité, un acte de rachat dont la grandeur serait du même ordre. Lui, qui a tué le Père par excellence, le Dieu-Soleil, lui, pour qui ce crime est si exceptionnel qu'il engage la libération de milliers d'hommes, comment pourra-t-il surmonter, assumer ce crime, quel acte extraordinaire ne devra-t-il pas commettre pour faire réparation eu égard à la structure signifiante qui donne un sens à sa vie ? À travers l'image du père-Pharaon, Moïse a ni plus ni moins renié Dieu (d'où le fait que le reniement entraîne une pareille révolte dans l'ordre de ses croyances) ; son acte de rachat devra être logiquement de même grandeur : se faire Dieu à son tour, créer Dieu. Le meurtre de Dieu l'aura obligé à se faire lui-même Dieu. Ainsi, Moïse, par sa seule force psychologique, devait retrouver le père, le reconstituer (forcément opposé à l'autre, qu'il avait renié), le créer « selon son cœur » pour redonner un sens à sa vie, c'est-à-dire asseoir pour lui-même une position paternelle. Quarante ans lui seront nécessaires pour concevoir une nouvelle religion et révéler au peuple élu les Tables de la Loi qui établissaient concrètement son autorité (se faire père) et celle de Dieu (redéfinir la relation au père).

Mais tout cela est une histoire – dont le cas extrême qu'elle illustre nous permet de bien saisir la façon dont fonctionne la question du père, de comprendre combien la vie du fils est tout entière dominée par cette interrogation fondamentale : comment, par suite du parricide, qui place le sujet dans un contexte de culpabilité et d'identification structurant, passer au rang de père ? On pourrait se demander : Moïse a-t-il existé ? On voit que la question est inadéquate. Ce qui compte, c'est que ce récit, quelqu'un l'ait écrit, que toute une tradition orale l'ait construit. On ne sait si Moïse a existé, mais on sait qu'il y a ce discours. Et ce discours livre de façon exemplaire la valeur universelle d'une structure de pensée.

PARLER LE PÈRE

Lacan va placer au cœur de son système signifiant la question du père, situant à son tour, en outre, sa réflexion sur le terrain de la religion. Je serai bref au sujet Lacan, dont l'importance, en ce qui concerne la question du père, tient principalement au fait qu'il est parvenu, suivant les leçons de Freud et inspiré par la linguistique structurale, à nouer la métaphore paternelle à l'élaboration du langage.

Le concept lacanien de Nom-du-Père a une origine religieuse. Lacan a en effet emprunté ce terme à la religion chrétienne, puisque le Fils agit *au nom du Père*. Aussi est-ce la valeur symptomatique de la nomination que fait ressortir Lacan en baptisant ainsi le processus métaphorique par lequel le fils advient lui-même à la paternité symbolique. « C'est bien ce qui démontre que l'attribution de la procréation au père ne peut être l'effet que d'un pur signifiant, d'une reconnaissance non pas du père réel, mais de ce que la religion nous a appris à invoquer comme le Nom-du-Père[12] ». La métaphore du Nom-du-Père est un concept qui désigne la fonction paternelle telle qu'elle est intériorisée et assumée par l'enfant lui-même.

Or, ce processus métaphorique repose sur un double mouvement de meurtre et de reconnaissance du Père, ainsi que l'avait illustré Freud dans la théorie de l'œdipe. Lacan rappelle que

> *s'il y a quelque chose qui fait que la loi est fondée dans le père, il faut qu'il y ait le meurtre du père. Les deux choses sont étroitement liées – le père en tant qu'il promulgue la loi est le père mort, c'est-à-dire le symbole du père. Le père mort, c'est le Nom-du-Père, qui est là construit sur le contenu*[13].

Ce processus fondamentalement structurant, qui consiste en une métaphorisation, postule donc une expérience subjective qui fait que l'enfant passe du statut d'objet (vis-à-vis de la mère dans la relation incestueuse) à celui de sujet, accède au système signifiant de l'univers symbolique, au langage au sens structural du terme : le sujet ne cessera jamais de *nommer* son désir à travers une chaîne signifiante ordonnée par la métaphore paternelle, et par là de rejouer les conditions de son accès à l'univers symbolique (le double mouvement de parricide et de reconnaissance de la loi) à travers sa tentative de se faire père. La volonté de passer au rang de père se soutient d'un parricide. Bref, le « je » se définissant comme un pronom dont la fonction « est d'assurer la représentation symbolique du sujet dans son discours[14] », il n'y aura de sujet que par et dans le langage signifiant, et par rapport à la Loi. Cela est fondamental, et l'on n'insistera jamais assez : prendre la parole, c'est nommer la mère (l'objet perdu), mais c'est *parler le père*.

---

12. Jacques LACAN, « D'une question préliminaire à tout traitement possible de la psychose », *Écrits,* Paris, Seuil, 1966, p. 556.
13. Jacques LACAN, *Le séminaire V. Les formations de l'inconscient, op. cit.,* p. 146.
14. Joël DOR, *Introduction à la lecture de Lacan. L'inconscient structuré comme un langage,* t. 1, Paris, Denoël, 1985, p. 137.

UNE HISTOIRE QUI ACHOPPE

Je voulais simplement, par cette intrusion du côté du discours signifiant et de l'œdipe, qui est « le fondement de notre
relation à la culture[1] », rappeler d'abord qu'acquérir la parole,
c'est devenir sujet, et que devenir sujet, c'est signifier sa position dans un univers symbolique qui fait que la réalité ne
saurait exister que comme représentation. Je voulais, dans un
deuxième temps, rappeler le mécanisme par lequel se construit
l'univers symbolique (l'accès du sujet au langage signifiant par
le biais de la métaphore paternelle) et l'enjeu qu'il postule pour
le sujet (devenir père à son tour), car c'est à partir de cet enjeu,
je crois, que nous devons pouvoir saisir le sens profond de
l'histoire, en vertu du fait que les hommes se projettent dans
l'histoire à partir de leur propre compétence désirante. Sans
doute la représentation du père dans l'imaginaire collectif est
tout autant le produit de l'histoire que la production de
l'histoire : parce que les faits et gestes des hommes ne visent
rien de moins et rien d'autre que *la nécessité de se faire père,*
de construire une paternité symbolique, ils ne font que produire
une histoire pour que d'autres, fatalement, la défassent et la
refassent. L'histoire est un cercle vicieux qui se meut à coups
de pères. Le Québec n'échappe évidemment pas à cette logique, laquelle, en raison de conditions historiques particulières,
apparaît éminemment problématique.

---

1. Jacques LACAN, *Le séminaire V. Les formations de l'inconscient, op.
cit.*, p. 174.

LE DISCOURS SUR L'HISTOIRE DE JOCELYN LÉTOURNEAU[2]

Dans *Passer à l'avenir. Histoire, mémoire, identité dans le Québec d'aujourd'hui,* Jocelyn Létourneau développe longuement la thèse selon laquelle le projet national aurait été de tout temps bien davantage fomenté par « ses grands et petits penseurs » (Fernand Dumont en tête) qu'il n'aurait « traduit un état d'être du groupe[3] » ou obéit au désir réel du peuple. Récusant notamment la démarche de Gérard Bouchard, pour qui le Québec, à l'inverse des autres « pays neufs », n'aurait pas su inscrire une rupture avec sa situation coloniale, Létourneau dénonce une saisie de l'histoire qui est infléchie par des convictions politiques. Dans cette perspective, les intellectuels québécois, au nombre desquels des historiens, ne feraient qu'obéir à un héritage canadien-français pernicieux, à « un passé réputé douloureux, plein d'épreuves et de sacrifices et qui, apparemment, commande un souvenir impérissable de tourmente exigeant réparation ou rachat[4] ». Or, écrit Létourneau, « [e]n aucun cas la narration historienne ne doit prendre la forme d'une politique identitaire menée rétrospectivement. L'histoire, en effet, n'est pas une question d'équité, mais de rigueur. On ne peut décliner le passé au présent[5] ». Quant à lui, Létourneau entend proposer une compréhension et une mise en narration de l'histoire « dans l'optique de la production d'une société meilleure[6] », balisée « par l'espérance », et qui se fait complice « d'une interpellation politique et morale positivement endossée par l'interprétant et médiatisée par une éthique collective de la responsabilité[7] ».

L'argumentation de Létourneau ne laisse pas d'être paradoxale. On voit mal pourquoi sa démarche historienne

---

2. Les pages suivantes ont d'abord paru sous le titre « Passer au rang du Père pour passer à l'avenir », *Argument,* vol. 4, n° 2, printemps 2002, p. 40-56.

3. Jocelyn LÉTOURNEAU, *Passer à l'avenir. Histoire, mémoire, identité dans le Québec d'aujourd'hui,* Montréal, Boréal, 2000, p. 119.

4. *Ibid.,* p. 16.

5. *Ibid.,* p. 100.

6. *Ibid.,* p. 12.

7. *Ibid.,* p. 14.

serait plus « objective » et « rigoureuse » que celle d'un Gérard Bouchard, par exemple, à moins qu'il faille postuler, comme semble le faire implicitement Létourneau, que seule une saisie de l'histoire « dans une perspective éthique et morale[8] » est compatible avec l'entreprise savante. C'est ce qui le fait rejeter le projet national du côté de la « négativité », car le rôle de l'historien est « de tenter finalement de favoriser la victoire du bon sur le mauvais, c'est-à-dire, au sens où nous l'entendons ici, la victoire de l'espoir sur la douleur et celle de la délivrance sur l'animosité[9] ». Bref, si l'histoire ne peut pas être une « question d'équité », il semble non seulement qu'elle puisse mais qu'elle doive être une « question d'éthique et de morale ». Mais qui détient la vérité ici, qui saurait départager le « bon » du « mauvais » (si tant est que ces mots aient un sens), et pourquoi une telle démarche serait-elle recevable et telle autre condamnable ? L'éthique fonctionnerait ici comme un concept discriminatoire inacceptable quant au but scientifique visé : c'est une chose que de lire l'histoire d'un point de vue éthique, c'en est une autre que de disqualifier d'autres démarches intellectuelles au nom d'une éthique. En excluant *l'autre* au profit d'une saisie exclusive de l'histoire quant à sa supposée finalité morale, la position manichéenne de Létourneau tend à laisser croire que le matériau historique contient *un* sens, et non pas un sens parmi d'autres.

À vrai dire, si ce sens devait exister – il ne serait pas d'ordre éthique –, ce ne serait pas tant dans la saisie stricte des faits historiques que par la compréhension de l'univers symbolique qui se structure à partir de la façon dont l'histoire s'énonce comme discours. Non seulement il n'y pas d'histoire sans interprétation individuelle du penseur, mais il n'y a pas d'interprétation individuelle qui ne se rapporte à un champ interprétatif plus général, d'ordre social – et par là symbolique. Toute intervention intellectuelle situe systématiquement l'intervenant dans une *dynamique sociale signifiante* qui relève d'un univers symbolique dont il n'est pas complètement le maître et qui le

---

8. *Ibid.*, p. 84.
9. *Ibid.*, p. 39.

dépasse largement. Comme le dit Marc Angenot, dans sa
théorie du discours social, tout ce qui se dit et s'écrit dans une
société fait état d'événements « qui existent en dehors des
consciences individuelles et qui sont doués d'une puissance en
vertu de laquelle ils s'imposent[10] ». Par conséquent, c'est
naturellement par rapport à cette dynamique, qui dans le cas du
Québec a pris la forme globale et dominante du projet national,
et en tant que cette dynamique est proprement inclusive, que
réagissent nos « grands et petits penseurs ». Nous sommes
toujours, quoi que l'on fasse, quoi que l'on dise, dans la représentation symbolique ; une représentation dont la dimension
intellectuelle « misère-mélancolie-refondation[11] » que Jocelyn
Létourneau condamne, au nom d'une rigueur historique par
définition insoutenable, est constitutive. Il faut bien voir que
les faits historiques eux-mêmes ressortissent à la construction
d'un imaginaire collectif intellectuel et populaire à partir
duquel s'est mis en place un paradigme de savoir et de compréhension du monde dans lequel le penseur d'aujourd'hui trouve
sa place. Si la mise en forme du discours de l'historien
commande un devoir de rigueur, c'est à la condition de
reconnaître que ce devoir est fondamentalement infiltré par
l'univers symbolique qui médiatise inévitablement l'acte
historique lui-même. Le discours national est moins le produit
d'un contexte sociohistorique contingent que la manifestation
politique et intellectuelle *symptomatique* de la structure
signifiante qu'il engendre et qui lui donne son sens profond.
Dans cette perspective, Létourneau aura beau condamner le
développement du projet national au nom d'une lecture de
l'histoire qui « ne permet pas d'articuler le souvenir au devenir
sur un mode heureux[12] », il apparaît avant tout que la mise en
place de ce projet s'inscrit dans une logique signifiante qui le
justifie et le légitime d'office. Bref, en méconnaissant la

10. Marc ANGENOT, *1889. Un état du discours social,* Longueuil, Le
Préambule, 1989, p. 15.
11. Jocelyn LÉTOURNEAU, *Passer à l'avenir. Histoire, mémoire, identité
dans le Québec d'aujourd'hui, op. cit.,* p. 119.
12. *Ibid.,* p. 69.

structure symbolique dans laquelle fonctionne le Québec et son histoire, le discours de Létourneau contourne de manière quelque peu simpliste la difficulté au lieu de s'y mesurer.

Outre que Jocelyn Létourneau est peut-être actuellement le plus insistant des intellectuels qui tentent de discréditer la validité du projet national, son discours rejoint plus ou moins directement l'argumentation de certains éléments de la jeune génération intellectuelle, qui, sans être fédéraliste, rejette le nationalisme. C'est par exemple la démarche de Jocelyn Maclure qui, à l'instar d'autres Québécois, ne se reconnaît pas dans « le rôle de la victime » que se donne historiquement le discours national vis-à-vis de son ennemi héréditaire[13]. Je retrouve le même propos dans *Le Devoir* sous la plume d'un étudiant, qui argumente : « Puis-je vous rappeler que c'est nous qui avons accepté d'entrer dans la Confédération en 1867 puis que c'est nous qui avons accepté d'y rester en 1980 et 1995 ![14] ». La logique argumentative est exactement celle de Létourneau : elle accorde aux chiffres et aux événements une valeur dernière qui est certainement de mise dans un système démocratique, mais qui a l'inconvénient de masquer une réalité symbolique infiniment plus complexe, une réalité symptomatique dont ce sont les mécanismes psychologiques qui tirent les ficelles des chiffres. Félix-Antoine Joli-Cœur répliquait en particulier à Yves Beauchemin, qui apparaît comme une sorte de porte-parole du discours « revanchard » au Québec. Je ne dirai pas que le discours revanchard est préférable, la question n'est pas là. Il ne s'agit pas de savoir si le Québec a historiquement de bonnes raisons de faire l'indépendance, ni de lui reprocher de jouer à la victime. Mais plutôt de se demander, je le répète, pourquoi il y a ce discours revanchard, pourquoi ce discours recourt à l'argumentation historique et endosse une position soi-disant victimaire. Se poser la question, c'est comprendre alors, comme le disait Heinz Weinmann

---

13. Jocelyn MACLURE, *Récits identitaires. Le Québec à l'épreuve du pluralisme*, Montréal, Québec/Amérique, 2000, p. 118. Je reviendrai à la fin de cet essai sur la conception développée par Maclure.

14. Félix-Antoine JOLI-CŒUR, « Lettre ouverte aux souverainistes de l'ancien temps », *Le Devoir*, 1er mai 2001, p. A7.

en 1987, que « l'enjeu profond de la souveraineté n'est pas économique ni politique, mais psycho-analytique[15] ». Et y trouver des réponses (passer au rang de père), c'est peut-être devoir conclure à la nécessité du projet national.

L'HISTOIRE QUI S'ÉNONCE COMME DISCOURS

À cet effet, je voudrais d'abord montrer, en gros, comment l'histoire du Québec construit sa propre logique signifiante à partir des idéologies qui s'affrontent à travers un certain nombre d'acteurs. Sous-jacente à cette lecture, il y a une théorie de la question du père dont l'essentiel, pour notre propos, se résume à la capacité ou à l'incapacité du Québec de pouvoir se situer dans l'ordre du signifiant paternel, vu comme « le support de la fonction symbolique qui, depuis l'orée des temps symboliques, identifie [l]a personne [du père] à la figure de la loi[16] ». Je ne souscris donc pas à « un devoir de mémoire », mais à un effort d'élucidation d'une structure devenue perverse à force d'être méconnue ou mésestimée.

Lorsque la Nouvelle-France est fondée, en 1608, la France est dans l'âge d'or de la paternité symbolique, qui va se consolider sous le classicisme et l'absolutisme de Louis XIV. À partir du XVe siècle français, en effet, « la puissance paternelle va devenir nécessairement un élément essentiel du pouvoir et de la conservation sociale. La famille légitime, dominée par le père, devient le premier rouage de l'organisation politique[17] ». À l'image d'une royauté absolue, qui coïncide avec une France dont la gloire militaire et l'influence extérieure n'auront jamais été si grandes, le père de famille est souverain. Il décide du mariage de ses enfants, il négocie les règles de la succession, par exemple en plaçant certains en religion, il fait emprisonner ceux qui refusent de se soumettre

---

15. Heinz WEINMANN, *Du Canada au Québec : généalogie d'une histoire,* Montréal, l'Hexagone, 1987, p. 296.

16. Jacques LACAN, « Fonction et champ de la parole et du langage en psychanalyse », *Écrits, op. cit.,* p. 278.

17. Jacques MULLIEZ, « La désignation du père », dans Jean DELUMEAU et Daniel ROCHE (dir.), *Histoire des pères et de la paternité,* Paris, Larousse, 1990, p. 53.

à ses décisions (les fameuses lettres de cachet). C'est un père dieu, dont la fonction d'éducation devient sacrée ; il n'est pas innocent que les traités d'éducation de la période classique, qui font la promotion de la figure paternelle, soient rédigés essentiellement par des jésuites et autres directeurs d'âme. L'on pourrait s'étendre longuement sur la puissance paternelle de l'Ancien Régime, et l'on se rapportera à ce sujet à l'ouvrage cité de Jean Delumeau et Daniel Roche. Ce qu'il importe pour notre propos, c'est de comprendre que c'est cette société d'ordres, qui repose sur une représentation excessive du signifiant paternel, qu'ont quittée les colons de la Nouvelle-France, espérant obtenir un meilleur sort.

Certes, en Nouvelle-France, les colons vivent toujours sous un régime de monarchie absolue, donc dans une structure politique qui témoigne d'une représentation forte du signifiant paternel, sans compter que l'Église implantée en terre d'Amérique exerce un pouvoir qui « offre beaucoup des caractères d'une théocratie[18] ». Mais la profonde singularité de la situation dans laquelle se trouvent les colons qui débarquent en Amérique, c'est qu'ils ont tout un monde à construire. Socialement, ce sont d'emblée des fils[19] qui, pour autant qu'ils

---

18. Lionel GROULX, « Le gallicanisme au Canada », *Revue d'histoire de l'Amérique française,* vol. 1, n° 1, juin 1947, p. 61.

19. Dans cet essai, je parle et parlerai strictement de *fils*. On comprendra qu'il en est ainsi tout simplement parce que le rapport au père et l'enjeu symbolique qu'il signifie participe d'une société dite patriarcale. La tradition patriarcale a imposé un cadre idéologique de développement et de consignation des faits sociaux, culturels, historiques ou littéraires qui infléchit la compréhension de la relation au père en fonction du fils, de ce fils dont le but est de passer au rang de père et l'objet la possession de la mère. Au-delà de cet enjeu symbolique qui impose cette désignation nominale, les colons de la Nouvelle-France sont des fils à un autre titre : en effet, l'immigration est essentiellement jeune, célibataire et masculine. « Dès 1636, les *Relations de jésuites* recommandaient aux hommes de partir seuls au Canada et de n'y faire venir leur famille que lorsqu'ils seront capables d'en assurer eux-mêmes la subsistance ; en 1669, le secrétaire de Jean Talon dénoncera encore à Colbert la "méchante pratique de faire passer des familles". Rien d'étonnant, donc, qu'à partir de 1647, l'immigration se soit rapidement estompée : en 150 ans, le Canada ne verra arriver que 250 couples mariés. Il n'y eut donc pas de véritable mouvement de colonisation […], tout juste, à peu de choses près, une simple mobilité de travail essentiellement célibataire et masculine.

décident de refaire leur vie en Nouvelle-France, inscrivent une rupture avec leur pays d'origine. Deux expressions clés ici : *nouvelle vie* et *rupture*. Pour repartir à zéro, il faut faire table rase ; pour devenir père, il faut tuer le père. C'est bien là le contexte colonial, dont peut rendre compte l'ambiguïté de la métaphore « le Nouveau Monde ». S'il est vrai que « le Nouveau Monde est une invention de l'Europe, et [qu']il a été construit sur une négation[20] », puisqu'il niait que le territoire fut déjà habité, la métaphore devient, pour les fils de la Nouvelle-France, l'expression privilégiée d'un espace où une nouvelle vie est possible. Elle a valeur de continuité de la France du point de vue des élites, mais valeur de rupture du point de vue des colons.

Dans ce sens, le contexte culturel nord-américain, si radicalement différent de tout ce que les colons connaissent, permet la mise en place de nouvelles conditions de vie à partir desquelles il serait possible de définir et d'instituer un nouveau pouvoir paternel. Pour l'heure, dans ce cadre qui facilite la contestation, les colons sont rapidement amenés à se forger une nouvelle identité ; si bien qu'au bout de deux ou trois générations, ils ne se reconnaissent déjà plus comme Français, mais comme Canadiens. Dès 1698, Duplessy Faber, un officier, affirme que les Canadiens et les Français sont « deux nations différentes ». Mais aux yeux des Français, cette différence implique un jugement de valeur, les Canadiens ayant « peu de subordination » et un esprit « assé porté à la revolte et la desobeissance[21] ». « Parmi les principaux traits attribués aux Cana-

---

Voilà qui fut déterminant » (Robert LARIN, *Brève histoire du peuplement européen en Nouvelle-France,* Sillery, Septentrion, 2000, p. 38). Le recensement de 1666 révèle que pour 719 célibataires âgés entre 16 et 40 ans, il se trouve à peine 45 filles à marier (voir le tableau que proposent Jacques LACOURSIÈRE, Jean PROVENCHER et Denis VAUGEOIS, *Canada-Québec. Synthèse historique,* Montréal, Renouveau pédagogique inc., 1976, p. 95).

20. Gérard BOUCHARD et Michel LACOMBE, *Dialogue sur les pays neufs,* Montréal, Boréal, 1999, p. 24.

21. Cité par Réal OUELLET, Alain BEAULIEU et Mylène TREMBLAY, « Identité québécoise, permanence et évolution », dans Laurier TURGEON, Jocelyn LÉTOURNEAU et Khadiyoutalah FALL (dir.), *Les espaces de l'identité,* Sainte-Foy, Presses de l'Université Laval, 1997, p. 64.

diens, l'esprit d'indépendance et le rejet de toute contrainte morale ou sociale reviennent avec le plus de constance », insiste Réal Ouellet. Ils sont réfractaires à toute autorité ; « ce trait comportemental se retrouvera dans tous les aspects de la vie coloniale : religieuse, militaire, familiale[22] ». Le *Mémoire historique sur les mauvais effets de la réunion des castors dans une même main* dresse le portrait suivant du coureur des bois : « Ils vivent dans une entière indépendance ; ils n'ont à rendre compte de leur action à personne ; ils ne reconnaissent ni supérieur, ni juge, ni lois, ni police, ni subordination[23] ». Le gouverneur Denonville ne cessera de condamner les Canadiens parce qu'ils abandonnent l'agriculture pour, dit-il, « prendre le fuzil et passer leurs vies dans les bois, où ils n'ont ny curez qui les gesnent, ny peres ny gouverneurs qui les contraignent[24] ». Sur le plan familial en particulier, Jean-Pierre Wallot observe que « [d]es pères et des fils se disputent les mêmes filles. Des fils volent leurs pères pour acheter leurs plaisirs[25] ». Et l'historien conclut que « toutes les sources se recoupent pour nous camper une masse indocile, attachée aux plaisirs de la vie et souvent "corrompue" par des vices que l'on croit à la hausse[26] ». Il est inutile d'insister pour que l'on comprenne que, au sein d'un univers symbolique dont il parvient à tirer avantage, le colon de la Nouvelle-France fait figure de fils qui soustrait son action à la référence paternelle.

L'élément principal qui va faciliter l'émancipation du fils de la tutelle monarchique, c'est la traite des fourrures, car elle favorise le nomadisme et le contact avec les tribus amérindiennes. Le nomadisme apparaît ainsi comme le principal facteur de distanciation culturelle à l'égard de la société d'origine.

---

22. *Ibid.*
23. Cité par Rémi FERLAND dans son édition du roman de Georges Boucher de Boucherville, *Nicolas Perrot ou Les coureurs des bois sous la domination française,* Sainte-Foy, Éditions de la Huit, 1996, p. 140.
24. Cité par Réal OUELLET, Alain BEAULIEU et Mylène TREMBLAY, dans « Identité québécoise, permanence et évolution », *loc. cit.,* p. 65.
25. Jean-Pierre WALLOT, *Un Québec qui bougeait. Trame socio-politique du Québec au tournant du XIXᵉ siècle,* Montréal, Boréal Express, 1973, p. 208.
26. *Ibid.,* p. 204.

Quels sont les traits des nomades ? « [L]'esprit de liberté, l'estime de soi, l'instabilité, l'indiscipline, l'impulsivité », autant de « traits principaux que les observateurs français attribuent aussi aux Indiens à la même époque[27] ». Mais Réal Ouellet apporte une nuance qui compte : « Que les Canadiens aient subi l'influence des Amérindiens, cela est indiscutable. [...] Mais plus qu'une influence, le mode de vie amérindien a exercé un attrait considérable[28] ». Cela signifie que, au-delà de l'influence, les Canadiens ont volontairement adhéré au mode de vie et de pensée des Indiens, ou à tout le moins assimilé ce mode de vie, qui leur paraissait désirable. Comment ces hommes, qui souvent avaient quitté la France pour échapper au joug d'une société dans laquelle ils avaient de la difficulté à trouver leur place, n'auraient-ils pas été séduits par le mode de vie libre et si différent des Indiens ?

L'imaginaire québécois a toujours opposé les coureurs des bois aux défricheurs. Tandis que les coureurs des bois témoignent éloquemment de l'attitude du fils révolté, il ne fait pas de doute que le mode de vie sédentaire (les colons qui cultivent la terre) traduit une position paternelle (qui toutefois est rarement aussi tranchée), ou à tout le moins favorise les conditions d'accès à une éventuelle paternité. Ce n'est que vers 1840 que l'idéologie agriculturiste commencera à s'affirmer, et elle coïncide, nous le verrons bientôt, avec un renforcement du signifiant paternel. Mais entre les deux formes d'occupation du sol, du moins jusque dans les années 1820-1830, il est évident que le nomadisme prédomine.

C'est dans ce cadre de liberté du nomadisme qu'il faut situer la Conquête, qui ne saurait d'aucune façon signifier une défaite irréparable pour les colons (point de vue que les historiens admettent depuis récemment, mais qu'un Fernand Ouellet reconnaissait dans les années 1960[29]). Sur le plan des

---

27. Réal OUELLET, Alain BEAULIEU et Mylène TREMBLAY, « Identité québécoise, permanence et évolution », *loc. cit.*, p. 65.

28. *Ibid.*, p. 66.

29. « Rassurons-nous : le choc brutal de la conquête n'affecta pas surtout les contemporains de l'événement fatal mais, rétrospectivement, leurs plus vulnérables descendants et cela de 1800 jusqu'à nos jours » (Fernand

mœurs, on décèle jusqu'au début du XIXe siècle « une grande continuité avec les attitudes qui prévalaient sous le Régime français[30] ». À vrai dire, s'il y a défaite, c'est avant tout pour la France, et non pas pour les colons, qui « continuent le Canada et non la France », comme le dit Yvan Lamonde[31]. Au contraire, les colons paraissent unanimes à reconnaître que le système constitutionnel britannique leur donne des libertés qu'ils n'avaient pas sous le Régime français, car la monarchie constitutionnelle a le grand mérite, comparativement à l'absolutisme monarchique de l'Ancien Régime, de tenir un homme pour « quelque chose », selon le mot du leader francophone P.-S. Bédard[32]. La Conquête, loin d'être une coupure dans le destin des Canadiens, s'offre à ceux-ci comme une occasion pour trouver plus rapidement la voie de l'émancipation vers la paternité symbolique, bien que les pouvoirs locaux et métropolitains unissent leurs forces et leurs intérêts pour maintenir une structure patriarcale forte[33].

Pourtant, quelque chose change dans le premier quart du XIXe siècle. Le pouvoir colonial se renforce, ce qui a pour effet de permettre au fils de mieux se définir, d'offrir une opposition plus consistante. Il se met en place, dans les années immédiates qui suivent la Conquête, un rapport de force qui oppose Londres et le clergé aux bourgeois des professions libérales et marchandes, lesquels, en 1810, vont constituer l'essentiel de la députation francophone. En effet, le clivage entre les valeurs monarchiques et les valeurs démocratiques prend une forme plus nette au tournant du siècle. Le point de vue du fils s'exprime de façon privilégiée dans la vision parlementariste qui, dans les années 1810, notamment par le biais du Parti

OUELLET, *Histoire économique et sociale du Québec. 1760-1850,* Montréal, Fides, 1971, p. 45).

30. Jean-Pierre WALLOT, *op. cit.,* p. 203.

31. Yvan LAMONDE, *Histoire sociale des idées au Québec. 1760-1896,* Montréal, Fides, 2000, p. 63.

32. Cité par Yvan LAMONDE, *ibid.,* p. 51.

33. « Seigneurs, autorités locales et métropolitaines partagent les mêmes valeurs et les mêmes intérêts : croyance dans la monarchie, fidélité au roi, appui de l'aristocratie, union de l'État et de l'Église », résume Lamonde (*ibid.,* p. 25).

canadien et de son journal *Le Canadien,* conteste la vision monarchique dominante et permet le développement d'une conscience communautaire et identitaire chez les francophones. En fait, les luttes entre les libéraux et le clergé, qui, à travers l'opposition de deux visions politiques du monde (une vision républicaine et une vision monarchique), balisent toute l'histoire du XIXᵉ siècle, s'inscrivent dans le cadre d'une dynamique identitaire signifiante qui place, dans une relation symbolique conflictuelle, le fils vis-à-vis du père. Et ce rapport de force départagera, pour les deux cents ans qui vont de la Conquête à la Révolution tranquille, les positions symboliques du père et du fils.

Globalement, le passage du Régime français au Régime anglais permet donc au fils de poursuivre son processus de séparation d'avec le père ; et c'est bien pourquoi les colons ne se sont pas révoltés contre la Conquête : la forme de rapport à l'autorité prévalait sur la promotion de la langue et la valorisation de la référence culturelle. Inspirés par l'exemple américain, les libéraux les plus radicaux du Parti patriote revendiquent, auprès des autorités britanniques, une plus grande prise en compte des valeurs démocratiques, qui, pour eux, passent bien avant les valeurs nationales. La question linguistique ne viendra qu'ultérieurement se greffer à cette dynamique. « Après 1830, le libéralisme rejoint la question de la nationalité, du droit des peuples à disposer d'eux-mêmes. Il est important, de ce point de vue, de souligner qu'au Bas-Canada, tout comme en Europe et dans les Amériques, le courant libéral avait devancé le courant nationalitaire[34] », écrit Lamonde. Les questions nationales dérivent toujours d'un certain ordre de rapport au père. Ce qui est essentiel, c'est la lutte pour l'autorité, le rapport symbolique qui est alimenté avant tout par la structure d'un pouvoir colonial qui défavorise sciemment les Canadiens français et à partir de laquelle se

---

34. *Ibid.,* p. 119. Lamonde cite aussi ce discours d'Étienne Parent : « Rétablissez l'égalité, détruisez le privilège, et vous verrez la partie nationale de nos difficultés s'éteindre faute d'aliment. Ceux qui attribuent nos maux politiques aux distinctions nationales, prennent la cause pour l'effet et vice versâ » (*ibid.,* p. 266).

positionnent respectivement les libéraux et le clergé, lequel se range systématiquement derrière le pouvoir anglais et fait la promotion des valeurs de l'Ancien Régime en France.

L'affrontement entre le fils et le père culmine, bien sûr, lors des événements de 1837-1838. Cet affrontement est marqué par une contestation en règle de tout signifiant paternel dont est investi l'univers sociopolitique de la colonie : la métropole (Londres), le Conseil législatif, le clergé, les seigneurs. L'événement est capital, il marque un tournant, car il est la formulation sans équivoque d'une volonté parricide, la radicalisation du parricide symbolique qui avait marqué la colonisation. S'il faut « tuer le père », nul doute que la Rébellion est le passage à l'acte. Mais ce qui compte, c'est l'au-delà du meurtre, la capacité de l'assumer, de passer à son tour au rang de père. Or, les défaites des Rébellions de 1837-1838 marquent l'écrasement du fils devant l'autorité du père, l'incapacité du Bas-Canada à se faire père ; cet événement clé paraît inscrire dans l'imaginaire collectif l'acquisition inconsciente d'un mécanisme d'infériorisation qui intervient encore aujourd'hui.

L'événement donnera lieu à un renforcement complexe du signifiant paternel honni : manifestation de force du pouvoir colonial, d'une part, et intensification théocratique, d'autre part. En effet, la métropole trouvera, dans le soulèvement populaire, la justification de la mise en place du projet d'union qu'elle projetait depuis longtemps ; et assurément l'écrasement du fils explique le fait qu'on passe « d'une opposition quasi totale des Canadiens français à l'Union de 1840 à son acceptation majoritaire en 1848-1849[35] ». Par ailleurs, à la faveur de ces défaites, le clergé, dont le loyalisme militant est récompensé par le pouvoir anglais qui lui octroie la reconnaissance de son statut légal (perdu lors de la constitution de 1791), connaît une forte émancipation (recrutement accru dans les séminaires, vivacité des congrégations religieuses, zèle de la prédication populaire), consolide son orientation ultramontaine (qui affirme la primauté de l'Église sur l'État) et déploie son intervention sur le terrain de la politique (« l'influence indue »).

---

35. *Ibid.*, p. 484.

C'est à partir de ce moment que les Canadiens aux mœurs corrompues que décrit Jean-Pierre Wallot se convertissent en « ce vaste troupeau de fidèles particulièrement religieux et vertueux qui a édifié tant de générations ultérieures[36] ».

Les Patriotes refusaient autant la France que le Canada anglais, ils s'inscrivaient en fils révoltés à l'égard de toute position paternelle, visant pour eux-mêmes une telle position qui leur permettrait de redéfinir les rapports d'autorité ; les derniers fils rebelles, avant qu'ils ne réapparaissent sur la scène intellectuelle dans les années qui précèdent la Révolution tranquille, sont les libéraux qui se regroupent autour de l'Institut canadien de Montréal à partir des années 1850 pour lutter contre la collusion entre le clergé et les conservateurs, collusion qui radicalise la force du signifiant paternel. Car l'élite cléricale opère un retour au père d'autrefois :

> *La mission nouvelle du Canada français serait donc de perpétuer et de promouvoir la culture française, nos racines françaises, de rester fidèles à notre passé, à nos origines. Avant 1840, ce n'est pas du tout le discours que tenaient les Patriotes, qui n'avaient rien de nostalgiques et se montraient même plutôt sévères à l'endroit de la France, eu égard à l'administration coloniale que cette dernière avait exercée avant 1760,*

rappelle Gérard Bouchard[37]. La référence française à laquelle se rapportent les élites, c'est la France de l'Ancien Régime, celle contre laquelle les fils s'étaient préalablement révoltés, cette figure de père tout-puissant à laquelle la France révolutionnaire aura entre-temps substitué une figure paternelle démocratique.

En effet, on le sait, si le XVIIe siècle marque l'âge d'or de la paternité, le XIXe siècle – français – signe sa chute. Épisode décisif, le régicide de 1793 s'offre comme l'acte fondateur de l'actualisation moderne de la question du père, où le signifiant paternel chute au profit de la mise en place d'une structure

---

36. Jean-Pierre WALLOT, *op. cit.*, p. 210.
37. Gérard BOUCHARD et Michel LACOMBE, *Dialogue sur les pays neufs, op. cit.*, p. 106.

politique, juridique et sociale de type égalitaire qui neutralise l'excès d'autorité. La démocratisation du politique et du social, dont la *Déclaration des droits de l'homme et du citoyen* est évidemment la conséquence logique, c'est d'abord la destitution symbolique de la loi et du religieux, c'est « la récusation de Dieu comme chef d'État[38] », comme le dit Jean Daniel. En guillotinant le roi, on tuait l'idée de Dieu, mais aussi du coup la paternité comme socle familial. On connaît à ce propos le mot de Balzac dans *Mémoires de deux jeunes mariés* : « Sais-tu, mon enfant, quels sont les effets les plus destructifs de la Révolution ? tu ne t'en douterais jamais. En coupant la tête de Louis XVI, la Révolution a coupé la tête à tous les pères de famille[39] ». *Le père Goriot* sera l'illustration exemplaire de cette faillite du signifiant paternel.

Ainsi sommes-nous mieux à même de comprendre dans quelle curieuse posture allait s'installer le XIXe siècle canadien-français. Indéniablement, en ce qui a trait à la dynamique signifiante, la deuxième moitié du XIXe siècle se caractérise par une domination éhontée du pouvoir paternel qui entraîne un recul des libertés du fils, en raison de l'ingérence du clergé dans les affaires politiques et civiles. Les valeurs sociales y sont celles du père tout-puissant de la monarchie de droit divin ; situation qui fait du Québec un cas particulièrement anachronique quant à la circulation des principes démocratiques en Europe (les acquis de la Révolution triomphent en France vers 1848, donc au moment même où, au Québec, l'idéal républicain cède devant le pouvoir autocratique) et aux États-Unis. L'histoire allait pour quelque temps fonctionner à partir d'« une scission consacrée par le discours entre nation politique et nation culturelle[40] », mais avec les conséquences que cela suppose, puisque s'il est vrai que, « en privilégiant une conception avant tout culturelle de la nation, c'était se condamner à la

---

38. Jean DANIEL, *Dieu est-il fanatique ?*, Paris, Arléa, 1997, p. 59.

39. Honoré de BALZAC, « Mémoires de deux jeunes mariés », *La comédie humaine,* t. I, Paris, Gallimard, coll. « Bibliothèque de la Pléiade », 1951, p. 173.

40. Fernand DUMONT, *Genèse de la société québécoise,* Montréal, Boréal, 1993, p. 237.

marginalité[41] », il est tout aussi vrai que l'Église allait, au sein de ce repli marginal, exercer un pouvoir discrétionnaire. Comme le dit François Charron, « [l]a vision archaïque du nationalisme impose donc l'Amour de la Loi du Père, non plus directement par la parole du Christ, mais plutôt par la voix ancestrale du Sol et du Sang qui prolonge le message christique[42] ». En quelque sorte, l'on préférât résister à l'histoire ou plutôt l'on acceptât de résister à l'histoire (dans la mesure où il y a incapacité à passer au rang de père), quitte à hypothéquer à long terme le développement intellectuel du Québec.

C'est cette situation inusitée qui allait donner naissance au mythe de la vocation particulière du peuple canadien-français. L'idéologie de la survivance aura fait en sorte que le clergé parvînt à reléguer la figure paternelle anglaise, dans l'ombre de laquelle elle avait fait la promotion de ses intérêts jusqu'aux Rébellions, au second rang, se constituant elle-même comme référence paternelle absolue, sur le mode de la France pré-révolutionnaire. Il faut une figure de père extrême pour que naisse un tel mythe, un tel messianisme ; de la même manière que le peuple juif trouvait son élection dans le récit des grands patriarches de l'Ancien Testament, le Québec, où l'idéologie cléricale serait implantée, sous l'égide de l'abbé Casgrain, dans l'émergence du genre romanesque, allait se construire une identité et un destin problématiques, indûment surdéterminés par la cohabitation excessive de signifiants paternels.

Fernand Dumont parle d'un « hiver de la survivance[43] » pour qualifier, malgré certaines transformations, l'état de la société québécoise jusqu'à la Révolution tranquille environ : une centaine d'années qui vont, *grosso modo*, de l'émergence du discours politique conservateur au milieu du XIXe siècle au pouvoir duplessiste, durant lesquelles le fils aurait hiberné. La disparition de Duplessis, qui aura peut-être été le plus glorieux

---

41. *Ibid.*, p. 327.
42. François CHARRON, « Religion et nationalisme : le corps des croyances », *La passion d'autonomie. Littérature et nationalisme,* Montréal, Les herbes rouges, 1997, p. 32.
43. Fernand DUMONT, *Genèse de la société québécoise, op. cit.,* p. 331.

de nos pères, selon le mot de Gilles Marcotte[44], la faillite du clergé et l'émergence concomitante du nationalisme moderne, social-démocrate, dégagé de ses origines cléricales (groulxiennes en particulier), marquent une étape cruciale dans l'avancement du fils vers la paternité symbolique. L'assaut portera à la fois contre un double signifiant paternel, religieux et politique (voire ethnique), fédéral s'entend, comme si le déficit symbolique de l'Église, qui autorisait le Québec, sous la direction du libéral Jean Lesage, à moderniser le mandat de sa politique provinciale, permettait un retour musclé de la révolte contre la référence politique anglaise. Si l'Église tombe, sans grande résistance, c'est selon la logique structurelle de la dynamique qui nous occupe. En effet, dans son évolution ultramontaine (contestée à partir du tournant du siècle), l'Église, tout en maintenant sa position autoritaire paternelle vis-à-vis des Canadiens français, s'est progressivement positionnée en figure de fils vis-à-vis du pouvoir anglais. Il en aura été ainsi pour deux raisons.

D'une part, les élites ecclésiastiques, qui avaient ramené les Canadiens français à un modèle de fidélité au père, stigmatisant la révolte des fils, se trouvaient, par l'identification culturelle à l'Ancien Régime auquel les fils s'étaient autrefois opposés, à favoriser le développement d'une nouvelle révolte dont elles seraient fatalement les victimes. Le développement de l'histoire est très souvent la manifestation de la logique selon laquelle la réaction est toujours proportionnelle à l'agression. Par exemple, au-delà d'une autorité de droit divin qui hiérarchise la société de l'Ancien Régime, la trentaine d'années qui précèdent la Révolution française sont marquées « par un surinvestissement de l'image paternelle dans tous les domaines (social, philosophique, politique, symbolique, esthétique)[45] », si bien qu'on ne saurait s'étonner d'une révolution qui conduit à la mise à mort du roi et à une laïcisation

---

44. Gilles MARCOTTE, *La mort de Maurice Duplessis,* Montréal, Boréal, 1999, p. 149.
45. Jean-Claude BONNET, « De la famille à la patrie », *Histoire des pères et de la paternité, op. cit.,* p. 237.

radicale des institutions (qui s'accompagne du saccage des édifices et des emblèmes religieux). Or, au Québec, c'est exactement selon la logique historique française que nous passerons à la modernité culturelle : l'ambition ultramontaine de la référence à la France pré-révolutionnaire ne pouvait que conduire à l'évacuation complète de l'élite cléricale des différents paliers décisionnels de la structure sociale ; et bien sûr modifier en profondeur les rapports père et fils, la psychologie du lien filial.

D'autre part, l'Église allait graduellement, sous l'impulsion d'un développement toujours accru du sentiment national (dont la relecture de la Conquête est sans doute le symptôme le plus significatif[46]), engager un rapport de force avec le Canada qui la plaçait elle-même en position inférieure de fils, ce qui ne pouvait que rendre plus vulnérable sa face paternelle. Il faut relire, dans cette perspective, les romans de l'abbé Groulx, qui significativement défend les valeurs du fils vis-à-vis du pouvoir anglophone, ou encore le *Menaud* de Félix-Antoine Savard, où la folie de Menaud ne tient pas à autre chose qu'à l'impossibilité tout ensemble de prétendre à un statut de père et de se confiner à un statut de fils. Il y a un tragique ecclésiastique au Québec dont on n'a jamais, je crois, compris l'importance, et qui est déterminé par les circonstances complexes à partir desquelles la paternité ecclésiale s'est constituée et a évolué.

J'ai dit que la chute de l'Église ramenait à l'avant-scène de la révolte du fils la figure du père canadien, qui avait agi ni plus ni moins pendant longtemps dans l'ombre du clergé, et donc réactualisait (après 1837-1838) la dimension politique de la quête de paternité. À ce sujet, il faut bien voir quelles sont les figures qui, à partir de la Révolution tranquille, composent

---

46. Comme l'écrit Heinz Weinmann : « C'est après l'échec des Rébellions de 1837-1838 que les *Canadiens, collectivement, réalisent* la défaite, prennent conscience, *après coup,* de la Défaite. On comprend donc pourquoi Garneau, par une lecture à rebours de 1837-1841, a le premier présenté une conquête comme la Défaite. Elle ne l'*était* pas avant » (Heinz WEINMANN, *Du Canada au Québec : généalogie d'une histoire, op. cit.,* p. 325). La suite des événements (la Confédération de 1867, la pendaison de Louis Riel en 1885, etc.) ne pouvait qu'accentuer la réinterprétation du sens de la Conquête en proportion au renforcement du signifiant paternel anglais.

la nouvelle relation provinciale/fédérale, car elles sont particulièrement instructives sur la façon dont un peuple régit (inconsciemment) son destin eu égard à la dynamique de la métaphore paternelle, sur la difficulté qui peut être la sienne de surmonter une situation psychologique dans laquelle les mauvais plis semblent incrustés. Il s'agit de remarquer que la chute du clergé coïncide exactement avec l'arrivée au pouvoir à Ottawa du triumvirat *canadien-français* (Pierre Elliott Trudeau, Jean Marchand, Gérard Pelletier). Cela est important, car la figure du père auquel le Québec est encore actuellement confronté, c'est la figure d'un Canada dirigé par un Canadien français. Avec Trudeau, ce n'était pas la première fois que le parlement fédéral se plaçait sous l'autorité d'un Canadien français. Il y avait eu auparavant Wilfrid Laurier (1896-1911) et Louis Stephen Saint-Laurent (1948-1957). Mais depuis 1968, si l'on exclut les quelques mois pendant lesquels Joe Clark a été au pouvoir au tournant des années 1980, le Canada est dirigé presque exclusivement par des Canadiens français : Pierre Elliott Trudeau (1968-1979, 1980-1984), Brian Mulroney (1984-1993), Jean Chrétien (depuis 1993). Le Québec de la modernité a toujours été sous la gouverne fédérale d'un Canadien français. Ainsi, à la figure du père clérical à laquelle on s'opposait – opposition qui se solde par la laïcisation de toute la structure institutionnelle et sociale dans les années 1960 – s'est substituée, mais par un retour à la période de tensions idéologiques qui précèdent les Rébellions, la figure proprement politique du père. Le père anglais refait surface en 1968 sous le visage du père canadien-français, auquel se mesure dorénavant un état qui s'appelle le Québec. Autrement dit, il *fallait,* fatalement, suivant la pente inconsciente d'un masochisme aliénant, que l'on se débarrassât de la figure paternelle cléricale pour du même coup élire massivement à Ottawa un Canadien-français qui allait tenir lieu de figure de père politique et permettre au peuple de réinscrire sa destinée – afin d'essayer une fois pour toutes d'en venir à bout, d'inverser sa pente négative – dans le sens qui avait été le sien jusqu'en 1837-38. Nous reprenions en 1968 là où nous nous étions interrompus en 1838.

Mais une fois de plus, en 1968 comme cent trente ans plus tôt, la révolte du fils fut vaincue. Comme en 1837-1838, il y eut une révolte armée du fils (qui aboutit à l'assassinat du ministre Pierre Laporte), et comme en 1837-1838, qui devait conduire à la Confédération de 1867, l'écrasement du fils de 1970 va conduire, au lendemain de l'échec référendaire de 1980, au rapatriement de la Constitution de 1982... et en 1993 à l'élection de Jean Chrétien, lequel dauphin-père-en-devenir, avec la collaboration de Stéphane Dion, va asséner au Québec, en représailles au référendum raté, une fois de plus, de 1995, l'antidémocratique projet de loi dit de « la clarté ». Ma foi, Jean-François Lisée choisit bien sa comparaison lorsque, pour évoquer le parachèvement, par Chrétien, du projet centralisateur de Trudeau, il conclut que l'actuel premier ministre y est parvenu par une série de putsch qui ressemblent au *touch love,* « ce traitement à la dure que des Américains infligent à des adolescents rebelles pour les ramener dans le droit chemin[47] ».

L'histoire se répète drôlement, sauf que si à chaque fois la volonté du fils est impitoyablement réprimée, en revanche, le pouvoir du père s'en trouve renforcé. D'une période à l'autre, le fils se heurte au père. Certes, à la suite de la mort du père clérical, la sécularisation massive des structures sociales témoigne d'une capacité de définir un nouveau projet de société propre à la paternité symbolique (je reviendrai sur ce point dans les dernières parties). Mais en même temps, ce projet s'est sans cesse heurté au père politique canadien, maintenant inévitablement le Québec dans sa position historique de fils : de la fondation de la Nouvelle-France (les fils vis-à-vis du père français) à la fondation de l'État québécois (les fils vis-à-vis du père canadien-français), en passant par les Rébellions (les fils vis-à-vis du père anglais) et le pouvoir clérical (les fils vis-à-vis du père clérical).

En quelque sorte, nous pourrions dire qu'au commencement des temps modernes était Trudeau. À qui, dans le concert des commentaires, élogieux ou non, entourant le décès de

---

47. Jean-François LISÉE, *Sortie de secours,* Montréal, Boréal, 2000, p. 124.

l'ancien premier ministre, un Jocelyn Létourneau devait rendre hommage. Celui-ci écrit notamment :

> *La guerre politique qu'il ne cessa jamais de mener contre les souverainistes québécois découlait de cette certitude selon laquelle l'indépendance du Québec était, pour ses concitoyens, le plus sûr moyen de régresser vers un état de misère identitaire et de s'enliser dans une pauvreté d'être qui avait déjà été la leur, certes, mais qui ne devait plus l'être*[48].

Le problème, c'est que Trudeau n'avait pas compris que cette pauvreté, qui avait coûté la vie à l'emblématique Saint-Denys Garneau, et qui devait, sous une forme plus insidieuse parce que voilée sous le couvert politique, coûter aussi le vie au non moins emblématique Hubert Aquin, il faisait tout pour la maintenir en prétendant l'enrayer. Il n'avait pas compris que la pauvreté, j'y reviendrai, c'est le retournement contre soi du sentiment de culpabilité, et qu'il ne faisait qu'augmenter la puissance de ce sentiment en combattant le projet national. Pour justifier l'attitude de Trudeau envers le Québec, Létourneau avance : « On peut bien dire d'un père qu'il ne comprend plus ses enfants, que ses actions sont aux antipodes de la volonté de ses petits, qu'elles les contrarient même dans leur quête d'émancipation », mais « un père demeure néanmoins, surtout s'il agit de bonne foi dans l'espoir de créer les conditions propices à l'épanouissement de ses héritiers, une personne respectable[49] ». L'argument est déplorablement facile. À voir les choses sous cet angle, outre qu'on justifierait n'importe quel crime, le fils n'aurait ni plus ni moins d'autonomie que celle de reconnaître qu'il n'en a pas, ou de se satisfaire d'une autonomie limitée par la reconnaissance aveugle de la loi de l'autre. En fait, comme l'expliquait très bien Pierre Vadeboncœur dès 1965, la conception de la démocratie de Trudeau est « désincarnée » du peuple, ses racines plongent dans « des idées d'érudit, d'amateur de littérature politique ».

---

48. Jocelyn LÉTOURNEAU, « Pierre Elliott Trudeau, le Québec et les Québécois », *Le Devoir*, 4 octobre 2000, p. A9.
49. *Ibid.*

> *La protection d'un droit* [le droit du père] *par des em-*
> *pêchements institutionnels clôturant le pouvoir l'inté-*
> *resse davantage que la conquête* [par le fils] *d'un pou-*
> *voir. Non seulement l'intéresse-t-elle davantage, mais*
> *la démarche d'une conquête le rend craintif pour ces*
> *garanties, ces empêchements, ces clôtures, cet ordre*[50].

Bref, que le nationalisme moderne naisse au moment où tombe l'Église, cela n'est pas un hasard : en abolissant cette première figure paternelle, née sur les ruines des Troubles de 1837-1838, on pouvait de nouveau s'attaquer à « l'autre », la figure politique à laquelle le pouvoir ecclésiastique s'était momentanément substitué, et enfin inscrire la collectivité dans le sens de la paternité par la fondation d'un pays. Que le Québec n'y soit pas parvenu au terme de divers manifestes souverainistes et deux référendums, n'en montre que mieux l'extrême difficulté historique de ses conditions d'accès à la figure politique collective de la paternité. Difficulté d'autant plus grande que les nationalistes refusent de reconnaître un état de conscience historique et collectif qu'ils associent à de l'infantilisme. On se souvient sans doute de l'intervention de l'ex-maire de Montréal, Pierre Bourque, qui avait osé comparer le Québec à un enfant qui vit en attente d'un « autre pas » qui lui permettrait, à la suite de l'indépendance, de devenir adulte. La déclaration du maire, qui rejoint pourtant un certain discours intellectuel nationaliste (énoncé entre autres chez Fernand Dumont), avait suscité des réactions quelque peu excessives dans la classe politique nationaliste, notamment chez Joseph Facal, ministre aux Affaires intergouvernementales canadiennes, qui avait traité la « comparaison entre la souveraineté et les étapes de croissance de l'enfant [...] d'une parfaite imbécillité[51] ». Reste que la psychanalyse a souvent montré, de façon on ne peut plus convaincante, que « le processus de civilisation de l'humanité et le processus de développe-

---

50. Pierre VADEBONCŒUR, « La démocratie de Trudeau passe-t-elle par le peuple ? », *Lettres et colères,* Montréal, Parti pris, 1969, p. 187-188.
51. Commentaires rapportés par Louise LEDUC, « Bourque soulève un tollé », *Le Devoir,* 22 février 1999, p. A1 et A10.

ment ou d'éducation de l'individu [...] sont de natures très semblables[52] ». Ce qui est parfaitement logique : l'on ne peut d'aucune façon comprendre un individu et ses possibilités intellectuelles en l'isolant de la société dans laquelle il s'est formé. Et, au risque de simplifier à l'extrême, aussi vrai qu'un chat ne peut pas donner autre chose que des chats, une société immature ne peut que produire des êtres immatures. Bref, indépendamment des options politiques de chacun, le maire avait raison.

Quelques mois après la « malencontreuse » déclaration de Pierre Bourque, Victor-Lévy Beaulieu écrivait pertinemment que le gouvernement provincial était porteur d'un « indéfaisable complexe d'Œdipe, de l'impossibilité de contrer vraiment le père. [...] Œdipe est plus triomphant que jamais, si triomphant, en fait, qu'il constitue pour le pays que nous voudrions faire un empêchement totalisant[53] ». En fait, si on a le sentiment que, depuis 1837, la question de la souveraineté du Québec « n'a pas évoluée[54] », c'est simplement parce que nous nous sommes historiquement confinés dans une position de fils qui n'en finit plus. C'est bien parce que le Québec a été doublement colonisé qu'il est la seule des « collectivités neuves », pour reprendre la formule de Gérard Bouchard, qui n'ait pas effectué l'indépendance politique. En termes analytiques, cela signifie qu'il n'y a peut-être « nulle part ailleurs une société où la fonction du père [est] aussi généralement méprisée, méconnue, oubliée, voire forclose[55] », parce qu'il semble que l'histoire ne soit ici que rature, que ratage, que fils – que fils décousus d'une courtepointe inachevée[56].

---

52. Sigmund FREUD, *Malaise dans la civilisation,* Paris, Presses universitaires de France, 1983, p. 100.

53. Victor-Lévy BEAULIEU, « Je souffre », lettre publiée dans *Le Devoir,* 23 décembre 1999, p. A8.

54. Heinz WEINMANN, *Du Canada au Québec : généalogie d'une histoire, op. cit.,* p. 466.

55. Jean LAROSE, « Le féminisme masculin », *La petite noirceur,* Montréal, Boréal, 1988, p. 184

56. Je paraphrase Heinz Weinmann dans son commentaire de *Genèse de la société québécoise* de Fernand Dumont : « *Genèse* ressemble à une superbe courtepointe, assemblée de morceaux d'utopies, de rêves canadiens-

Il suffit de comparer le destin québécois au destin américain pour faire voir toute la différence. La révolution américaine de 1776, qui marque une rupture avec l'empire britannique, institue un processus de conquête de paternité symbolique qui aura parfaitement fonctionné. Un peu comme Moïse vis-à-vis de Pharaon, les États-Unis seront parvenus à devenir ce père de l'exception, auquel les destinait le meurtre d'un empire qui était à la fin du XVIIIe siècle le plus puissant du monde, et à redéfinir une nouvelle forme de paternité symbolique (la démocratie américaine). C'est sur cette voie signifiante de l'exception que la Nouvelle-France était engagée avant la Conquête. La Conquête aura sans doute interféré dans le processus signifiant de libération nationale, sans pour autant le rendre impensable. Mais on sait comment l'histoire a tourné, comment le pouvoir anglais est venu court-circuiter le processus de paternité enclenché par les colons de la Nouvelle-France, comment le fils n'a pas cessé, à la suite de 1837, de s'écraser. La seule différence, c'est que le visage du père a changé d'une époque à l'autre. Français jusqu'à la Conquête, puis Anglais environ jusqu'à la Confédération, le père est devenu Canadien au XXe siècle, plus précisément Canadien français, en particulier depuis l'élection de Trudeau en 1968, je l'ai dit. Si le Canada est une figure de père pour le Québec, c'est essentiellement parce qu'il se range derrière un père canadien-français[57], dont la puissance est indéniablement grandie par le poids de circonstances historiques – qui de surcroît, aux yeux de plusieurs, le désignent comme « traître ». Et c'est sans doute parce que le Québec s'est historiquement positionné contre la France, l'Angleterre et le Canada que la tendance actuelle à vouloir former un pays dont le visage ne serait ni canadien ni français, mais un visage qui a la forme du

---

français, aux nombreux tissus et fils laissés pendants, donc non achevée. Cette courtepointe est à l'image de l'état d'inachèvement du Québec » (Heinz WEINMANN, « Le Québec : entre utopie et uchronie », *Liberté,* n° 212, 1994, p. 145).

57. Le Canada anglais ne serait aux yeux du Québec qu'un sorte de grand frère encombrant, qui n'a quant à lui toujours pas réglé sa dépendance filiale à l'Angleterre.

continent américain, est une voie saine et prometteuse. Reste que pour le Québec, que caractérise une surdétermination historiquement et psychologiquement aliénante, la tâche est on ne peut plus lourde – alors qu'il aurait été plus tellement simple et plus *normal* que, à l'image des États-Unis, nous renversions autrefois le pouvoir français, ou britannique et français, pour nous-mêmes nous donner comme peuple le destin de grandeur que se sont donné les États-Unis.

UN CAS PARTICULIER

Le Québec a donc eu aussi sa période sombre, ses lumières, sa mort de Dieu, mais tout cela à retardement et en accéléré. Lorsqu'on dit, pour caractériser le développement fulgurant qu'a connu le Québec au XXe siècle, que nous sommes passés en quelque temps du Moyen Âge à l'époque moderne, que le Québec de l'époque felquiste plus précisément a marqué ce moment où il a « "saut[é]" du Moyen Âge au XXe siècle[58] », c'est une façon de parler qui traduit mieux qu'on ne saurait dire l'imaginaire structurel qui nous définit historiquement.

Qu'est-ce que ce Moyen Âge par rapport à la question qui nous occupe ? Le Moyen Âge, d'une part héritier du droit romain classique (où la paternité était affaire de volonté du géniteur et non pas biologique), d'autre part concepteur d'une nouvelle représentation de la paternité orientée par le poids de l'Église, a pendant mille ans écrit une histoire où l'État et l'Église marchaient de concert, chacun y trouvant son compte, le pouvoir temporel assurant la protection du pouvoir spirituel, celui-ci enseignant que celui-là était d'origine divine et paternelle. Le cadre juridique, qui détermine la famille, y est établi à partir de la position du père. Ainsi, le fils n'est intéressant que dans la mesure où il assure la filiation du nom, où il (mais la fille aussi) peut servir à conclure des intérêts économiques ou politiques. L'enfant n'existe qu'à partir du point de vue du père.

---

58. Pierre VALLIÈRES, *Nègres blancs d'Amérique,* Montréal, Parti pris, 1974, p. 15.

Dans le droit révolutionnaire, ce qui compte, c'est l'enfant, celui qui par nature a besoin d'amour et de compréhension.

> *Ce qui intéresse les juristes révolutionnaires, c'est le jeune enfant, celui qui par nature a autant besoin d'amour ou d'éducation, c'est l'enfant déshérité, c'est l'enfant abandonné : tout doit être fait pour que le jeune enfant ait un père aimant. L'ancien droit, au contraire, voyait essentiellement dans le fils de famille le continuateur du nom et de la fortune, et l'on peut dire, sans trop forcer le trait, que ce qui intéresse le droit monarchique, c'est le père mort, celui qui transmet, à cause de mort, selon l'expression même du droit*[59].

Certes, bien des aspects du droit révolutionnaire seront par la suite abolis, modifiés, nuancés, par le Code civil, jusqu'à ce que la perspective s'inverse définitivement en faveur du fils. Les conditions et conséquences sociales de ce renversement juridique sont connues, elles culminent aujourd'hui dans ce que Marcel Gauchet[60] appelle « la sortie de la religion » et dans le règne de « l'enfant-roi ». Comme le dit Hannah Arendt, « [h]istoriquement, […] la disparition de l'autorité est simplement la phase finale, quoique décisive, d'une évolution qui, pendant des siècles, a sapé principalement la religion et la tradition[61] ». La fin de l'histoire raisonnée par Francis Fukuyama[62] signe la victoire de la démocratie libérale, qui naît de la chute du père au siècle des Lumières.

Ce parcours, c'est bien celui que nous avons parcouru à la vitesse de la lumière dans les années 1950-1970. La Révolution tranquille aura été un microcosme de la Révolution française,

59. Jacques MULLIEZ, « La volonté d'un homme », *Histoire des pères et de la paternité, op. cit.,* p. 289. Je donne un aperçu volontairement global ; pour un développement complet de la question, le lecteur consultera une fois de plus la monumentale *Histoire des pères* de Delumeau et Roche, dont fait partie l'extrait cité.

60. Marcel GAUCHET, *Le désenchantement du monde : une histoire politique de la religion,* Paris, Gallimard, 1985.

61. Hannah ARENDT, « Qu'est-ce que l'autorité ? », *La crise de la culture,* Gallimard, coll. « Folio essais », 1994, p. 124.

62. Francis FUKUYAMA, *La fin de l'histoire ou le dernier homme,* Paris, Flammarion, 1992.

dans la mesure où ces révolutions se caractérisent par le transfert au nom du fils des droits traditionnellement reconnus au
père. En apparence, le cas du Québec n'est donc pas unique ;
mais il est certainement, sinon plus complexe, du moins singulier, car nous ne sommes pas, comme la France et les autres
nations européennes depuis, passés du rang de père au rang de
fils, mais nous sommes restés des fils tout simplement parce
que nous n'avons jamais été des pères. En effet, la Révolution
tranquille, cette volonté parricide, si elle est marquée par la
liquidation du père clérical, reste néanmoins inachevée, car
nous ne sommes pas parvenus à *l'après* parricide du père canadien. Nous ne sommes jamais vraiment passés d'un état de père
à une vision de fils, car père nous ne l'avons jamais été complètement, en raison de notre incapacité historique à assumer le
meurtre du père politique, et donc à poser, par l'indépendance,
les conditions nouvelles de la paternité symbolique.

Aussi comprend-on que si nous avons été capables de
passer si rapidement du Moyen Âge à la modernité, d'un système où domine le signifiant paternel à un système qui élève
un trône à l'enfant, c'est bien sûr parce que nous avions laissé
inachevée notre révolte, c'est parce que, en d'autres mots, nous
étions déjà et depuis toujours en position psychologique de fils
dans l'histoire. Nous étions d'autant prêts à définir les rapports
sociaux ou familiaux en fonction des droits du fils que, en
quelque sorte, nous n'avions jamais tout à fait cessé d'être ce
fils. Par un curieux revirement des choses, tandis que le Québec, sur le plan culturel, avait longtemps été à la remorque des
pays industrialisés, il devait, à partir de la Révolution tranquille, être en mesure de se poser en champion mondial du
règne de l'enfant, s'imposer ni plus ni moins comme précurseur dans ce domaine. Notre coureur des bois comme valeur
symbolique du fils est devenu universel ; rebaptisé « navigateur[63] » (par opposition à « arpenteur »), revu et corrigé à la
moderne, c'est-à-dire informatisé et « citoyen du monde », il
domine l'imaginaire contemporain et son mode de vie. Je
reviendrai là-dessus à la fin de cet essai.

---

63. Monique LaRue, *L'arpenteur et le navigateur,* Montréal,
Fides/Cétuq, coll. « Les grandes conférences », 1996.

UNE LITTÉRATURE
DE LA RÉVOLTE ET DU SACRÉ

C'est maintenant de littérature qu'il faut parler. S'il est vrai que le développement du sujet œdipien est un fait de langage, la littérature devient minimalement l'expression même du fils, et globalement le dépositaire par excellence de l'enjeu symbolique d'un peuple, de la façon dont se pense et se constitue cet enjeu. Écrire, c'est toujours se définir comme fils vis-à-vis du père, c'est toujours formuler son propre rapport au père ; c'est, en vertu de « la toute appartenance paternelle des phrases[1] », selon la magnifique formule de Paul-Chanel Malenfant, se positionner en posture de fils par l'acte de langage même ou par le biais narratif et discursif d'une identification signifiante au parcours du héros. C'est en ce sens que Julia Kristeva énonçait qu'« un récit est en somme la tentative la plus élaborée, après la compétence syntaxique, de situer un être parlant entre ses désirs et leurs interdits, bref à l'intérieur du triangle œdipien[2] ». C'est encore ce que Régine Robin formule dans les termes suivants : « Écrire c'est toujours jouer, déjouer la mort, la filiation, le roman familial, l'Histoire[3] ». Il y a aussi cette belle formule de François Charron au sujet de l'expérience littéraire : « risquer la perte insoutenable du sens et de la face paternelle[4] ». Il est impossible de penser, d'écrire sans formuler son questionnement dans des termes qui

---

1. Paul-Chanel MALENFANT, *Les noms du père* suivi de *Lieux dits : italique,* Ville Saint-Laurent, Éditions du Noroît, 1985, p. 51.
2. Julia KRISTEVA, *Pouvoirs de l'horreur, op. cit.,* p. 165.
3. Régine ROBIN, *Le deuil de l'origine,* Paris, Presses universitaires de Vincennes, 1993, p. 10.
4. François CHARRON, « Religion et nationalisme : le corps des croyances », *La passion d'autonomie. Littérature et nationalisme, op. cit.,* p. 32.

interpellent métaphoriquement le Nom-du-Père, et ce, sur le monde de la tension et de la remise en question complexe du sens et de sa reformulation.

Dès lors, écrire en tant que fils, c'est viser une position paternelle, c'est-à-dire faire le nécessaire pari d'un renouveau du sens par-delà le meurtre. L'expérience littéraire n'est en rien statique, elle postule un mouvement psychologique constant sous la forme de la spirale. Si « se faire père » n'implique pas nécessairement qu'il faille aussi être écrivain, en revanche, être écrivain est indéniablement une belle façon de manifester l'exigence de la paternité symbolique. L'on écrit pour se faire père, et si la plupart des romanciers écrivent jusqu'à la fin de leur vie, c'est sans doute parce que, bien que soi-même père, l'on reste toujours le fils d'un père, ou mieux encore, comme le dit Lacan, « [s]i tant est que pour chaque homme l'accession à la position paternelle est une quête, il n'est pas impossible de se dire que, finalement, jamais personne ne l'a vraiment été complètement[5] ».

C'est dans cette perspective qu'on pourra alléguer le savoir de la littérature. Si tout texte n'est jamais purement référentiel mais construction par le langage, narratif, poétique ou autre, la force du texte littéraire, nous le savons, c'est qu'il revendique l'imaginaire, se compose dans l'imaginaire, fraye dans les zones grises ; parce qu'il est la « mise en texte » de ce qui autrefois était dévolu au mythe. La littérature ne prétend pas à la vérité, mais à un discours qui rend opératoire certains modes d'être au monde ; et c'est parce que ce discours est opératoire qu'il y a possibilité de vérités. Comme le disait si bien Michèle Lalonde, l'écrivain travaille dans « l'intuition […] d'une évidence antérieure à l'organisation apparente du réel objectif et entièrement recouverte, masquée par lui[6] ». En ce sens, l'écrivain est davantage possédé par le savoir qu'il ne possède un savoir. En sociologie de la littérature, on aime citer Roland

---

5. Jacques LACAN, *Le séminaire IV. La relation d'objet,* Paris, Seuil, 1994, p. 205.

6. Michèle LALONDE, « Le mythe du père dans la littérature québécoise », *Interprétation,* vol. 3, nos 1-2, 1969, p. 217.

Barthes, qui disait qu'il n'y a de littérature qu'enseignée ; Barthes avait raison, mais il y a beaucoup plus que cela : la littérature enseigne, elle aussi. Et cet enseignement fait sa force. Comme le dit si bien Régine Robin,

> *au moment où la littérature semble se dissoudre dans l'infini du discours social […], les autres discours qui l'enserrent […] reviennent à la littérature pour y puiser ce paradigme de la complexité et de la singularité que les sciences humaines n'arrivent pas à penser ni à formuler*[7].

Freud en savait quelque chose, qui a développé ses concepts à partir de textes littéraires, admettant par ailleurs que « l'analyse ne peut malheureusement que déposer les armes devant le problème du créateur littéraire[8] ». Ce que Lacan formulait en ces termes : « les poètes, qui ne savent pas ce qu'ils disent, c'est bien connu, disent toujours quand même les choses avant les autres[9] ». Les écrivains eux-mêmes reconnaissent volontiers qu'ils maîtrisent un certain savoir qui les dépasse. Même un écrivain comme Paul Valéry, cet écrivain de l'esprit qu'on ne peut surtout pas accuser de complaisance vis-à-vis de l'écriture et du moi, notait que « [l]e plaisir littéraire n'est pas d'exprimer sa pensée tant que de trouver ce qu'on n'attendait pas de soi[10] ». Le pouvoir de la littérature, chaque lecteur a pu en faire un jour l'expérience, tient précisément au fait qu'elle donne forme à la parole subjective, déstabilisante

---

7. Régine ROBIN, « Extension et incertitude de la notion de littérature », dans Marc ANGENOT, Jean BESSIÈRE, Douwe FOKKEMA et Eva KUSHNER (dir.), *Théorie littéraire, problèmes et perspectives,* Paris, Presses universitaires de France, 1989, p. 49.

8. Sigmund FREUD, « Dostoïevski et le parricide », préface au roman de Fédor DOSTOÏEVSKI, *Les frères Karamazov,* t. 1, Paris, Gallimard, coll. « Folio », 1973, p. 7.

9. Cité par François ANSERMET, dans François ANSERMET, Alain GROSRICHARD et Charles MÉLA (dir.), *La psychose dans le texte,* Paris, Navarin éditeur, 1989, p. 7. On connaît aussi l'hommage de Lacan à Marguerite Duras : « elle s'avère savoir sans moi ce que j'enseigne ».

10. Paul VALÉRY, « Poïétique », *Cahiers,* t. 2, Paris, Gallimard, coll. « Bibliothèque de la Pléiade », 1980, p. 1006.

mais pourtant intimement familière, et partant qu'elle intéresse fondamentalement le lien social et le lien religieux.

Par ailleurs, il faut dire que le savoir de la littérature est lié à la perte des repères de la certitude. Si la littérature, pour les écrivains du XIXe siècle en particulier, a été vécue comme un absolu, c'est parce qu'elle se présentait comme le médium privilégié pour redonner un sens aux choses dans un univers qui, à la suite de la Révolution et du règne napoléonien, n'en n'avait soudainement plus. Le développement de la littérature moderne, des formes romanesques de la modernité, est évidemment indissociable des faits sociaux, mais en tant que ces faits sociaux relèvent nommément des enjeux symboliques de la question du père. L'Histoire joue à grande échelle la petite histoire des romans.

Du point de vue de la philosophie politique, la modernité des Lumières, qui conduit à la Révolution, opère un vaste mouvement d'« humanisation du divin » au profit d'une « divinisation de l'humain[11] ». C'est là une autre façon de décrire le mécanisme par lequel le fils, tel Moïse vis-à-vis de Pharaon, passe au rang de grand homme. Mais le mécanisme n'est pas figé, il est foncièrement historicisé : vient un moment où les capacités d'exception de l'humain sont précisément amoindries par l'humanisation accélérée du divin. Auquel cas l'on arrive à une « extériorisation du divin », selon l'expression de Marcel Gauchet[12]. Tandis que la modernité se définirait par l'engendrement d'un déicide dont profite la grandeur de l'homme, la postmodernité se caractériserait par une dévalorisation telle du divin (pour ce qu'il en reste) que l'homme aurait perdu le pôle d'identification qui lui permettrait d'être un homme d'exception (je reviendrai plus loin sur ces catégories).

---

11. Voir Luc FERRY, *L'homme-Dieu ou le sens de la vie,* Paris, Grasset, 1996.

12. Marcel GAUCHET, *La religion dans la démocratie,* Paris, Gallimard, 1998, p. 63. Gauchet conteste le diagnostic posé par Luc Ferry sur l'humanisation du divin, lui opposant une extériorisation du divin. À mon sens, les deux sont complémentaires, ils caractérisent les deux principaux moments d'un même phénomène général : le premier moment serait lié à l'émergence de la modernité, le second à l'émergence de la postmodernité.

Le second moment (extériorisation du divin) constitue l'essentiel des sections ultérieures de cet essai, j'y viendrai donc bientôt.

Au sujet de la divinisation de l'humain, on se rapportera à la littérature philosophique du XIXᵉ siècle, dont le mode d'expression reste incompréhensible sans la prise en compte de cette structure parricide. Celle-ci est particulièrement évidente chez un Dostoïevski ou un Nietzsche, pour se limiter à ces exemples canoniques. Le Raskolnikoff de *Crime et châtiment* départage ceux qu'il appelle les « hommes extraordinaires » et « les hommes ordinaires » selon le mode d'énonciation et de résolution de la métaphore paternelle : à une époque où Dieu est mort, le personnage est sommé de devenir un homme extraordinaire, de devenir une sorte de Napoléon[13]. Napoléon est en effet bel et bien le fils symbolique promu par l'État en substitution du pouvoir divin ; il n'est donc pas innocent que la légende napoléonienne, qui va déterminer d'innombrables vocations d'écrivains, naisse du contexte révolutionnaire. De même, toute la réflexion de Nietzsche tourne autour de cette affirmation centrale : tuer Dieu pour devenir Dieu à son tour. « La grandeur de cet acte [le meurtre de Dieu] n'est-elle pas trop grande pour nous ? Ne sommes-nous pas forcés de devenir nous-mêmes des dieux pour du moins paraître dignes des dieux[14] ? », se demandait le philosophe, formulant le mécanisme selon lequel le fils vise à une position d'exception proportionnelle à l'intériorisation coupable du parricide. Ce mécanisme est « la conséquence logique » du meurtre, observait Gilles Deleuze[15].

---

13. Échouant dans sa tentative de devenir un homme extraordinaire, Raskolnikoff conclura : « Si, pendant tant de jours, je me suis tourmenté en me demandant si Napoléon se lancerait ou non [dans l'aventure à laquelle se mesure Raskolnikoff], c'est que je sentais clairement que je n'étais pas Napoléon » (Fédor DOSTOÏEVSKI, *Crime et châtiment,* t. 2, Paris, Garnier-Flammarion, 1965, p. 159).

14. Friedrich NIETZSCHE, *Œuvres, Le gai savoir,* Paris, Robert Laffont, coll. « Bouquins », 1993, p. 132.

15. Gilles DELEUZE, *Nietzsche,* Paris, Presses universitaires de France, 1990, p. 30.

Du point de vue de la littérature proprement dite, les travaux de Georges Lukacs (*Théorie du roman*) et de Roland Barthes (*Le degré zéro de l'écriture*) ont montré que les formes littéraires sont soumises à des conditions historico-philosophiques, qu'elles investissent les tensions sociales ; ils mettent en évidence le fait que la forme romanesque n'a jamais cessé de s'alimenter à un processus de subjectivation et d'individualisation engendré par la perte des idéaux, perte à laquelle elle doit sa propre naissance. « Le roman est l'épopée d'un monde sans dieux[16] », disait Lukacs, voulant signifier que la révolte du fils est inhérente à la promotion de la forme romanesque. Les possibilités de développement du roman comme genre sont ainsi directement liées à l'érosion du signifiant paternel.

Il n'y a pas lieu de refaire l'histoire du roman pour valider cette thèse. Mais remarquons en gros que le roman français épistolaire ou la forme romanesque dialoguée (chez Diderot) au XVIIIe siècle sont déjà la manifestation explicite de l'émergence des formes de la conscience subjective qui allaient graduellement déstabiliser la narration omnisciente (le narrateur-dieu) et renouveler le roman au profit d'une multiplication des points de vue (expression esthétique de la devise révolutionnaire). De la même façon, l'histoire du roman moderne au XIXe siècle (qui se caractérise par l'inscription du sujet dans son discours) peut départager la forme balzacienne, régie par une vision omnisciente qui traduit les convictions religieuses et monarchiques de l'auteur[17], et l'optique subjective du roman focalisé, qui apparaît avec Stendhal et Flaubert. La perspective narrative est toujours l'indicateur clé de la revendication du fils : sur ce plan, un Balzac ou un romancier balzacien apparaîtra non pas moins « révolté » qu'un Flaubert et ses épigones, mais simplement la capacité du fils-héros à passer au rang de

---

16. Georges Lukacs, *Théorie du roman,* Paris, Gonthier, 1963, p. 84.

17. « J'écris à la lueur de deux Vérités éternelles : la Religion, la Monarchie, deux nécessités que les événements contemporains proclament, et vers lesquelles tout écrivain de bon sens doit essayer de ramener notre pays », écrit Balzac dans son avant-propos à *La comédie humaine* (Honoré de Balzac, « Avant-propos », *La comédie humaine*, t. 1, *op. cit.,* p. 9).

père sera chez lui plus grande. Aussi opposera-t-on aux héros de la volonté de puissance de Balzac (Rastignac, Vautrin), de Dumas (Edmond Dantès) ou de Hugo (Jean Valjean), qui sont tous des fils qui parviennent magnifiquement à se faire père, les héros de la défaite que sont Julien Sorel ou Frédéric Moreau. C'est exactement sur ce paradigme des formes subjectives (de Proust à Claude Simon) que se construira tout le roman du XXe siècle, qui n'aura jamais de cesse, semble-t-il, de répondre à la question que Gide formulait pour la compréhension de la création romanesque (et qui fait écho à la question que se formulait son ami Valéry d'un point de vue plus intellectuel) : « que peut un homme ?[18] ». Non plus « qu'est-ce que l'homme », mais « que peut-il faire maintenant qu'il a renversé Dieu, jusqu'où peut-il aller ? »

Dans cette optique, il serait possible d'écrire une histoire des formes narratives depuis les Lumières qui montrerait éloquemment combien les récits moderne et postmoderne se constituent et évoluent systématiquement en prenant la mesure de la figure paternelle, en la remettant en question, en la redéfinissant, en la dévaluant. Au fond, on revient à ce que disait Kristeva et les telqueliens, à savoir que la seule démarche pour l'écrivain d'entrer dans l'histoire, c'est sur le mode « de la négation comme affirmation[19] ». Nul doute que l'évolution des formes romanesques a été et continue d'être déterminée par la façon dont le rapport au père construit les conditions sociophilosophiques dans lesquelles les œuvres sont produites.

L'AMBIVALENCE

Même si le Québec a connu son propre développement historique, l'évolution de la forme du récit québécois implique-rait un rapport tout à fait similaire à la figure paternelle. J'ai

---

18. « "Que peut un homme ?" Cette question, c'est proprement la question de l'athée, et Dostoïevski l'a admirablement compris : c'est la négation de Dieu qui fatalement entraîne l'affirmation de l'homme » (André GIDE, *Dostoïevski,* Paris, Gallimard, 1981, p. 154).

19. Julia KRISTEVA, « Le mot, le dialogue et le roman », *Séméiôtikè. Recherches pour une sémanalyse,* Paris, Seuil, coll. « Points », 1978, p. 89.

volontairement passé très rapidement sur la référence littéraire française, car elle ne fait pas l'objet de cet essai. Mais cela suffit, je crois, à faire entrevoir la richesse du paradigme herméneutique que cette référence propose à la compréhension de l'évolution de la littérature québécoise – et qui fera l'objet spécifique d'ouvrages ultérieurs. En attendant, je souhaite en rendre compte de façon globale.

Que le roman québécois moderne naisse en 1960, comment s'en étonner, compte tenu du poids décisif de l'Église sur la littérature de 1840 jusqu'à cette date ? Alors que le roman se construit par définition contre l'autorité, c'est-à-dire se fonde sur le point de vue du fils, le roman canadien-français naissant, dans le contexte de l'émergence du discours messianique de la survivance, fait l'étrange expérience d'une forme qui est soumise à l'autorité ecclésiale. D'où la terrible ambivalence qu'il présente dès les origines (le roman de la terre en particulier, mais aussi le roman historique du XIXᵉ siècle et, plus tard, le roman social de la première moitié du XXᵉ siècle) et l'ensemble des tensions souterraines dont il est porteur : en apparence un roman qui obéit fidèlement à l'idéologie agriculturiste véhiculée par les élites, c'est-à-dire un « programme de littérature nationale port[ant] la marque évidente de l'ultramontanisme[20] » ; en profondeur, un roman marqué par une infatigable révolte à l'égard du signifiant paternel qui concerne tout autant la référence anglaise que l'idéologie des élites nationales. Jusqu'à la structure familiale du père et de ses deux fils dans le roman de la terre, qui allait s'ériger en modèle romanesque de Patrice Lacombe jusqu'à Damase Potvin, semble reproduire, à travers l'obéissance de l'un des fils et la révolte de l'autre, la division symbolique qui façonne l'histoire.

Il convient, pour comprendre l'enjeu véritable du roman canadien-français, et du coup pour en faire apparaître toute une complexité insoupçonnée, de lire ce roman dans la perspective du fils. Cette perspective, on le sait, acquiert une richesse particulière à partir des années 1930. Par exemple, c'est ainsi

---

20. Maurice LEMIRE, « L'autonomisation de la littérature nationale », *Études littéraires,* vol. 20, nᵒ 1, printemps-été 1987, p. 95.

que, dans *Menaud,* le père est la cause directe de la mort du fils selon une logique narrative qui les oppose, et qui rend le premier responsable de la mort du second[21]. Menaud n'est pas que père, il est le fils-héritier des ancêtres dont il revendique la mémoire, ce qui par conséquent l'inscrit dans une perspective de fils révolté à l'égard des Anglais. On comprendra alors que si Menaud est à l'origine de la mort de son fils, c'est parce qu'il est lui-même incapable de sortir de sa position symbolique de fils ; ne pouvant ni ne sachant être père, son fils *doit* mourir. Quand Menaud se répète les paroles incantatoires : je suis d'« une race qui ne sait pas mourir[22] », empruntées à *Maria Chapdelaine* (autre roman auquel on ne comprendra rien si on ne saisit pas le personnage de Samuel Chapdelaine comme fils), c'est d'abord la position d'un père qui refuse de céder sa place ; mais cette position est tributaire d'une autre position problématique : c'est parce qu'il est en lutte contre l'ennemi qui le menace qu'il doit affirmer être d'une race qui ne sait pas mourir… Autrement dit, avant de pouvoir devenir père, il fallait d'abord à Menaud régler le conflit qui l'opposait lui-même comme fils à la figure du père anglais. Faux père, donc fatalement sans fils.

Dans ces conditions, on comprend que si on a pu dire (et on le dit encore) que le père fait défaut dans la littérature canadienne-française et que le Québec est une société matriarcale, c'est en fait parce que du père, il y en a trop : un père bifrons, aux visages anglais et clérical, devant lequel se tient un faux père canadien-français, qui est plutôt un fils impuissant à devenir autre chose ; ce qui, par conséquent, place ce fils-plutôt-que-père dans une relation d'idéalisation à la mère, sorte de sainte vierge toute-puissante. Si les pères de famille des romans sont alcooliques, absents ou incapables d'endosser leur profil ou leur profit symboliques, c'est simplement parce qu'ils sont avant tout eux-mêmes des fils qui ploient sous le

---

21. Dans cette perspective, on lira l'excellent article de Simon HAREL, « La communauté restreinte. Autorité et sacrifice dans *Menaud, maître-draveur* », *Protée,* vol. 17, n° 3, 1989, p. 40-47.

22. Félix-Antoine SAVARD, *Menaud, maître-draveur,* Montréal, Fides, coll. « Bibliothèque canadienne-française », 1969, p. 34.

joug du signifiant paternel, incapables de devenir père. La littérature, le roman en particulier, ne l'oublions pas, s'écrit
toujours du point de vue du fils[23].

Cela dit, on aura compris que la « terre paternelle », aussi
bien la terre défrichable de la famille Chauvin chez Lacombe
que les montagnes et rivières de Menaud, ce n'est pas la terre
comme figure de père, mais la terre-mère qui est la propriété
du père. Lorsque le fils nationaliste de la logique signifiante
lutte contre le père fédéral, c'est pour son droit de posséder la
terre-mère. À la thématique de la terre du roman paysan aura
succédé la thématique du pays (en germe dans le roman historique), si bien que la littérature québécoise, on le voit, a toujours développé les conditions idéologiques qui sous-tendent
son développement dans la perspective de l'œdipe. Posséder un
pays comme le cultivateur sa terre, c'est-à-dire devenir père.

Il ne s'agit pas ici d'exalter le patriarcat rejeté par les
féministes, mais de reconnaître la projection fantasmatique de
l'œdipe dans les textes littéraires, dont le savoir transcende les
conditions politiques qui par ailleurs y renvoient. D'une part, le
nomadisme aura longtemps été symptomatique de cette incapacité du fils à obtenir la femme, le pays. D'autre part, la culture
de la terre, encouragée par le clergé jusqu'au début du XXe siècle, autorisait certainement, *sublimait* un accès métaphorique à
la mère. Du moment où les fils quitteront la campagne pour la
ville, et que l'autorité cléricale s'affaiblira, les soi-disant pères
réintégreront cette posture de fils vis-à-vis de l'autorité anglophone qui les avait toujours secrètement définis. Relisons par
exemple ces vers de *Soirs rouges* de Clément Marchand, qui
décrivent le point de vue des aïeux qui réagissent au départ des
fils pour la ville : « Nous sommes les enfants d'une race mor-

---

23. Ce que Hubert Aquin avait bien observé : « les pères sont perçus en
général d'un point de vue du fils, uniquement dans leur relation d'autorité ou
de paternité ou de filiation. Ils sont perçus, si vous voulez, à l'envers, mais
jamais dans leur situation conjugale […] ; c'est un découpage effectué je
dirais, du seul point de vue du fils, et cette perspective isole le père… » (citation d'Aquin lors d'une discussion qui fait suite à une communication de
Michèle LALONDE reproduite dans *Interprétation,* vol. 3, nos 1-2, p. 242).

telle/ Nous sommes les amants de la terre qui meurt[24] ». Pères en possession de la terre, ils avaient le sentiment d'être immortels. Mais le départ des fils les a dépossédés de leur statut symbolique et les a rendus mortels : ils redeviennent des fils, ce que, comme Menaud, ils n'avaient sans doute jamais cessé d'être. Cette douleur des pères, c'est d'ailleurs ni plus ni moins celle de Menaud qui ne veut pas mourir. Le roman de l'époque a sa variante : au lieu du fils qui meurt entre les mains du faux-père (*Menaud*), c'est le faux-père qui est chassé de sa terre par le fils : c'est le scénario, par exemple, de *Trente arpents,* où la douleur d'Euchariste Moisan, à la fin exilé aux États-Unis par son fils Étienne (lequel du reste sera délogé à son tour par son fils), fait écho à la douleur du fils nomade sans pays.

Il faudrait, dans cette perspective, se demander s'il n'y a pas là une explication au fait que nous ayons accepté si longtemps de façonner notre imaginaire à l'aune de la structure rurale, tandis qu'autour de nous l'industrialisation et le commerce fleurissaient depuis longtemps. Faute d'être père, nous jouions à être père. Par le discours agriculturiste, les autorités cléricales et intellectuelles auront joué un certain temps le rôle du père, jusqu'à ce que l'histoire les rattrape pour leur rappeler, d'une part, suivant la leçon française de 1789, qu'elles ne s'éterniseraient pas impunément à jouer les grands seigneurs, d'autre part qu'elles étaient aussi des fils vis-à-vis du pouvoir anglophone. En effet, l'Église se fragilise à partir du moment où les terres commencent à manquer. L'absence de terre évacuait la mise en place d'une structure de sublimation qui avait longtemps fonctionné, ce qui du coup dévoilait une logique désirante jusqu'alors habilement canalisée. La révolte du fils éliminera dès lors la figure cléricale inique, et se repositionnera, à partir de la revendication du pays vis-à-vis du Canada, selon la même logique. D'où cette espèce d'évidence même d'une rhétorique poétique qui, chez les écrivains qui de près ou de loin participent de l'idéologie du groupe de l'Hexagone, associe la femme au pays. « Un peuple ivre de vents et

---

24. Clément MARCHAND, *Les soirs rouges,* Trois-Rivières, Éditions du Bien Public, 1947, p. 119.

de femmes s'essaie à sa nouveauté[25] », comme le dit magnifiquement Jacques Brault. Il est clair que le schéma colonialiste,
hérité d'Albert Memmi et de Frantz Fanon dans les années
1960, met en lumière une révolte contre la figure aliénante du
père dominateur et colonisateur, l'autre anglophone ; et quand
Miron affirme devoir jouer l'aliénation contre elle-même,
revendiquer la condition du colonisé et la retourner en affirmation, c'est proprement à même l'image du père qu'il projette de
se faire père à son tour. Sa théorie de la colonisation rejoue
l'œdipe, où, sur la base d'une identification à l'idéal du moi, le
sujet revendique la possession complète de la terre-mère
« Kébec ».

Au fond, la poésie du pays aura réactualisé, dans un autre
contexte sociopolitique, les métaphores phallocentriques du
roman du terroir : la terre est ici faite femme, parce que le pays
du poète, c'est la femme. Dans tout cela, ce qui compte, c'est
la terre à cultiver ou le pays à faire naître. Le fils ne perd jamais
ce but de vue. D'abord, c'est la Nouvelle-France, ensuite, sous
le Régime anglais et la Confédération, l'idéologie agriculturiste. Mais du moment où il perd sa terre, le fils élimine le
clergé et remet le cap sur le pays et la figure du père qui s'y
rattache (la modernité). Car la terre était une métonymie du
pays ; il fallait de là passer à l'occupation complète du sol.

Il serait aisé – et cela *devra* se faire, de façon systématique – d'inscrire sur l'horizon conflictuel père et fils le développement (ou le piétinement) du roman canadien-français (qu'il
s'agisse de classiques comme *Un homme et son péché* et *Le
Survenant* ou de romans de deuxième ordre comme *L'œil du
phare* d'Ernest Chouinard, *L'erreur de Pierre Giroir* de Joseph
Cloutier ou *La terre ancestrale* de Louis-Philippe Côté) jusqu'à la naissance du roman moderne vers la fin des années
1950. Les différences d'un roman à l'autre sont principalement
affaire de nuances, même si la nuance est parfois de taille ; par
exemple, *Le beau risque* (1939) de François Hertel paraît accorder au fils une *place* qui « rachète » en partie *Menaud*, paru

---

25. Jacques BRAULT, « Suite fraternelle », *Mémoire,* Paris, Grasset, 1968,
p. 56.

un an plus tôt. Par définition, tout roman fait état de révolte à l'égard du père, donc au-delà même de toute recherche de renouvellement esthétique. Cela dit, la complexité de la métaphore paternelle investie par le texte va souvent de pair avec la qualité du traitement formel, ou à tout le moins avec une volonté de renouveau esthétique. Comme le dira si bien Nicole Brossard en 1976, qui se trouvait à résumer près d'une dizaine d'années d'avant-garde poétique : « [L]a transgression au niveau de l'écriture est l'indication d'une transgression sociale et politique, c'est le refus du pouvoir, de l'autorité, de la hiérarchie[26] ». Ce mot, vrai en 1976, l'était aussi cent ans plus tôt, mais dans le cadre d'une pratique de l'écriture inavouable et forcément marginalisée par l'institution. À ce propos, *Angéline de Montbrun* de Laure Conan est certainement le cas le plus probant du roman canadien-français, et pour des raisons tout autres que celles avancées par Patricia Smart dans son essai *Écrire dans la maison du père*[27]. *Angéline* apparaît comme le roman précurseur par excellence de la modernité, laquelle signera dans le déploiement de sa forme la disparition du père.

LE PARRICIDE

On sait que la montée du nationalisme social-démocrate trouve son pendant littéraire dans la révolution romanesque et poétique des années 1960. Parce qu'il y eut révolution politique, il put y avoir révolution littéraire. De la même façon que la structure sociale avait été rapidement laïcisée, la forme poétique éclate et brise l'unité référentielle, tandis que la forme romanesque atteint aux promesses d'un roman structurellement complexe, polysémique ; simultanément, celle-ci introduit une critique à l'égard du père plus radicale que jamais. Et cependant, il n'est pas certain que la poésie réussisse à se dégager véritablement de l'ombre de Saint-Denys Garneau, ni que le roman se déprenne de l'ambivalence du roman de la

---

26. Caroline BAYARD et Jack DAVID, « Entrevue : Nicole Brossard », *Lettres québécoises,* n° 4, novembre 1976, p. 36.
27. Voir mon article « Les silences d'*Angéline de Montbrun* », *Études françaises,* vol. 36, n° 3, automne 2000, p. 185-205.

terre ou du roman historique du XIXe siècle, car l'une comme
l'autre ne parviennent guère à donner une forme positive et
définitive à la révolte du fils. On connaît la phrase de Jean Le
Moyne : « Nous avons donc entrepris la conquête de notre
monde en n'aimant pas le monde et en le refusant[28] ». Phrase
clé assurément, qui résume un très large pan de la production
littéraire des années 1950-1960, et à partir de laquelle on peut
comprendre la structure de pensée de toute une génération. Or,
on s'en doute bien, ce monde que l'on refuse, ce monde dans
lequel on naît barré par le « refus », c'est celui du père.

Dans cette perspective, l'analyse que Pierre Nepveu propose de la littérature québécoise dans *L'écologie du réel* traduit
bien le positionnement symptomatique de l'écrivain vis-à-vis
de la figure paternelle au moment où le Québec fait le passage
vers la modernité. Nepveu montre l'ambivalence du discours
littéraire, qui inscrit sa foi dans le progrès, mais paradoxalement sur le mode de la destruction et de la négativité, car pour
advenir au réel, à « la pure présence à soi », il faut « tuer ce que
l'on a en soi de faux, d'emprunté, d'aliéné, de colonisé[29] ». Or,
« [c]omment échapper à ce paradoxe d'une auto-mutilation qui
se voudrait une guérison et une façon de renaître ?[30] » À vrai
dire, ce scénario, apparemment paradoxal, rend parfaitement
compte de l'articulation de la métaphore paternelle et de la
difficulté qu'elle pose, où il s'agit inévitablement, pour le fils
qui veut se faire père, de « tuer » le père afin de redéfinir la
fonction paternelle, afin de la reconstituer sur de nouvelles
bases sociales, sur de nouvelles formes de croyances. L'auto-
mutilation est le signe patent d'une culpabilité qui s'énonce,
mais à partir de laquelle la vie sera possible, une nouvelle vie
sera possible. Car tuer le père, c'est aussi forcément tuer beaucoup de soi, dans la mesure où le parricide permet au fils de
devenir quelqu'un d'autre, de s'accomplir dans la maturité et la
maîtrise de soi.

28. Jean LE MOYNE, *Convergences,* Montréal, HMH, 1961, p. 99.
29. Pierre NEPVEU, *L'écologie du réel,* Montréal, Boréal, 1988, p. 16.
30. *Ibid.,* p. 17.

C'est sous cet éclairage qu'il faut lire la poésie du pays et le roman national.

> *On a répété jusqu'à satiété que la poésie des années soixante identifiait le pays à la femme, ou vice versa. Mais la Révolution tranquille est d'abord une histoire de fils orphelins qui se cherchent non pas une mère mais, presque désespérément, une identification paternelle[31],*

rappelle Nepveu. En fait, la mère appelle logiquement le père, et vice versa ; nul doute que la terre Kébec de Miron et de Chamberland est corps féminin – l'articulation symbolique fonctionne comme dans le roman de la terre –, mais cette terre, il faut bien la disputer à plus fort que soi pour pouvoir la posséder et avoir le droit de la cultiver. S'identifier d'abord au père pour pouvoir posséder la mère ; cette identification ne saurait d'aucune manière faire l'économie du meurtre, grâce à quoi le fils peut reformuler le sens de la fonction paternelle et devenir père à son tour. Double mouvement mais qui se fait d'un seul élan, et que résume efficacement la formule suivante de Nepveu : « Redonner vie au père, être soi-même des pères[32] ».

Ce geste meurtrier, on le trouve dans toute la littérature québécoise qui se publie à partir de la Révolution tranquille, assurément chez les romanciers de Parti pris, mais aussi chez des romanciers aussi différents que Gérard Bessette, André Langevin ou Gilles Archambault. Qu'il s'agisse encore des histoires de déserteurs que raconte André Major ou de l'incapacité chez Jacques Godbout de faire évoluer les personnages de la famille Galarneau dans le sens d'une paternité pleinement assumée, tous témoignent largement et sans équivoque de cette impasse de la paternité. Il y manque son achèvement : le crime ne débouche pas au-delà d'une culpabilité aliénante. Il faut insister là-dessus : l'impuissance du personnage littéraire à se faire père n'est pas inhérente à l'impossibilité de meurtre, ne précède pas l'acte, mais au contraire succède à l'agression, elle est la conséquence de la volonté parricide.

---

31. *Ibid.*, p. 72.
32. *Ibid.*

Hubert Aquin, dans *Prochain épisode* (1965), apparaît au premier chef avoir reproduit avec une lucidité remarquable le scénario emblématique de la fissure de l'ordre symbolique au Québec. Pour cette raison, je voudrais m'y attarder en mettant en perspective les principaux éléments du roman dans l'optique de la métaphore paternelle. À travers un canevas qui tient en apparence du roman d'espionnage, le narrateur cherche désespérément à passer à l'âge d'homme. Sa mission est d'éliminer H. de Heutz, figure secrète rattachée à l'ordre du signifiant paternel, qui circule sous diverses identités professionnelles : H. de Heutz est banquier ou fondé de pouvoir (c'est à la lettre qu'on prendra cette dernière occupation : il fonde le pouvoir, rien de moins). Le narrateur part pour la Suisse romande où se cache H. de Heutz, et où il retrouve K, qu'il aime. Après avoir fait l'amour, ils conviennent de se retrouver vingt-quatre heures plus tard, temps durant lequel le narrateur espère tuer celui qu'il recherche. Son amour pour K, le sens qu'il donne à sa mission, le sentiment « démesurément puissant, invincible[33] » qu'il ressent à la pensée du crime qu'il projette, tout engage ce fils-narrateur sur la quête d'une paternité symbolique.

La rencontre du narrateur et de H. de Heutz marque un point tournant dans la mise en place de la structure signifiante. Le narrateur est d'abord fait prisonnier par son ennemi ; pour l'amadouer, il invente une histoire attendrissante en lui racontant qu'il est un père de famille loin de sa femme et de ses enfants. Puis il réussit à désarmer son ennemi, le tenant en joue à son tour. Mais c'est H. de Heutz qui maintenant lui raconte une histoire qui se trouve être identique à celle du narrateur. Qu'est-ce que tout cela signifie, sinon qu'ils sont les protagonistes d'une seule et même histoire – celle de l'œdipe –, puisqu'ils se battent pour la même femme, puisqu'ils luttent, l'un pour conserver la femme, l'autre pour l'enlever au père ?

C'est bien dans ce sens que s'oriente la suite du roman. H. de Heutz s'est échappé au bras d'une femme que le narrateur a

---

33. Hubert AQUIN, *Prochain épisode,* Ottawa, Cercle du livre de France, 1973, p. 68.

seulement entrevue et qui le hantera longtemps par la suite. Dans l'espoir de piéger son ennemi, le narrateur va l'attendre dans le château de H. de Heutz, s'emparant symboliquement de son identité, « déguisé en H. de Heutz, revêtu de sa cuirasse bleue, muni de ses fausses identités et porteur de ses clés héraldiques[34] ». Il précise : « La relation qui s'est établie entre H. de Heutz et moi me laisse songeur, depuis que je me suis introduit de plein gré dans ce beau repaire qu'il habite[35] ». Ce dernier mot n'est pas plus innocent que le recouvrement vestimentaire et identitaire. « Repaire » vient de « repairer » ; bas latin : *repatriare,* de *patria* (pays du père). Bref, le fils-narrateur est bel et bien de retour au lieu du père, comme s'il rejouait ici les conditions d'accès à l'univers symbolique, lorsqu'il eut à céder la femme à celui qui était plus fort que lui. Le narrateur parviendra finalement à blesser H. de Heutz d'une balle, après l'avoir entendu, au téléphone, donner rendez-vous à une femme, exactement à l'endroit et à l'heure où il doit lui-même retrouver K. après le meurtre qu'il prémédite. On le devine : ayant manqué son crime, le narrateur ratera conséquemment son rendez-vous, et plus jamais il ne reverra K. : « J'ai compris alors que ce n'est pas H. de Heutz que j'avais manqué, mais qu'en le manquant de peu, je venais de manquer mon rendez-vous et ma vie toute entière[36] ». Le mot est fort, mais c'est que l'aventure que raconte le narrateur prend l'entière mesure de l'échec de ce qui fonde une vie, de ce qui donne un sens à toute vie, à savoir la quête de la paternité.

Cette quête, son échec, sont bien sûr à l'image du Québec. Le héros de *Prochain épisode* affirme d'emblée qu'il est « le symbole fracturé de la révolution du Québec, mais aussi son reflet désordonné et son incarnation suicidaire[37] ». Hubert

---

34. *Ibid.,* p. 115.
35. *Ibid.,* p. 134.
36. *Ibid.,* p. 166.
37. *Ibid.,* p. 25. En termes plus « neutres », Fernand Dumont dira à la même époque : « la conscience historique n'est pas à moi, elle est rigoureusement moi » (Fernand DUMONT, « De quelques obstacles à la prise de conscience chez les Canadiens français », *Cité libre,* n° 19, janvier 1958, p. 25).

Aquin est une figure complexe de destin culturel du Québec parce que, de façon exacerbée, il réunit sur sa personne symbolique les conditions d'accès du Québec à la paternité et au réel. « Nationalistes, oui ; pour un temps, comme on traverse l'âge ingrat, mais pourvu qu'on finisse par s'occuper un jour de choses plus élevées et qui soient réelles[38] », écrivait Aquin dans son fameux article sur la « fatigue culturelle ». Mais Aquin, comme le Québec, comme les romanciers dont il est le contemporain et qui, de Marie-Claire Blais à Réjean Ducharme, introduisent le personnage de l'adolescent tourmenté dans le roman moderne, n'en finira jamais de traverser « l'âge ingrat ». Au-delà de l'échec du personnage aquinien, la structure narrative suggère, à travers les actions d'un personnage qui projette son destin individuel dans l'histoire collective, un « psychodrame » qui structure l'inconscient collectif québécois. La stature de l'ennemi en témoigne. « Comment démasquer un ennemi quand, par un paradoxe aberrant, on l'a éliminé d'une façon incontestable et qu'il n'existe pas ? », se demande le narrateur, qui ajoutera plus loin : « Je suis aux prises avec un homme qui me dépasse[39] ». À la limite, H. de Heutz n'existe pas, car nous sommes, chez Aquin, dans un univers symbolique qui rend compte essentiellement d'un mécanisme signifiant.

LE SACRÉ

Cependant, le rapport conflictuel au père que met en scène la littérature québécoise moderne ne s'exprime par uniquement par le biais des revendications nationales et la problématique du discours colonial. Du reste, ce dont il s'agit ici, ce n'est jamais de littérature nationale, mais d'une littérature qui, depuis le milieu du XIXe siècle jusqu'à aujourd'hui, est traversée malgré elle par les enjeux symboliques de l'historicité nationale, ce qui est très différent. Et ces enjeux interpellent souvent des formes d'expression religieuses.

---

38. Hubert AQUIN, « La fatigue culturelle du Canada français », *Blocs erratiques,* Montréal, Typo, 1998, p. 101.
39. Hubert AQUIN, *Prochain épisode, op. cit.,* p. 102 et 129.

De la même façon que le fils de l'histoire canadienne-française se repositionne, à partir des années 1950, dans un nouveau rapport de force vis-à-vis du Canada à la suite de la liquidation du pouvoir clérical, le roman et la poésie modernes traduisent de façon constante une volonté d'évacuation du référent religieux. Enfin, nous avons toujours pensé qu'il en serait ainsi, qu'il fallait qu'il en soit ainsi, et peut-être de fait en a-t-il été ainsi chez plusieurs écrivains. Mais ce que montrent globalement les quinze dernières années de pratiques d'écriture, années audacieuses durant lesquelles la littérature québécoise a atteint à une reconnaissance institutionnelle internationale incontestable, c'est malgré tout la ténacité (bien plus que le retour) du référent religieux dans le discours, voire plus récemment la nostalgie chronique de ce référent. Il est bien évident que « [q]uand on parle de littérature, bizarrement, Dieu n'est jamais très loin[40] », comme le dit Henri Raczymow, mais il n'est pas moins évident que le Québec, en raison du poids historique de la référence religieuse, est particulièrement concerné par un tel énoncé.

Dans *Le roman à l'imparfait,* Gilles Marcotte a suggéré une adéquation entre la chute de l'idéologie cléricale et le renouvellement de la forme romanesque ; si les romanciers, à partir des années 1960, conçoivent une autre littérature, note-t-il, « c'est qu'ils sont habités par une autre image de la société ; ils nous parlent différemment, parce qu'ils nous parlent d'un autre monde[41] ». Cet autre monde, c'est celui de la fissure, de la séparation entre l'action et la culture, entre le sens et la Loi, entre l'individu et la communauté. Le roman à *l'imparfait* consacre ainsi le roman moderne, qui se développe par rapport au *parfait,* Marcotte reformulant à la sauce

---

40. Henri Raczymow, *La mort du grand écrivain. Essai sur la fin de la littérature,* Paris, Stock, 1994, p. 10.

41. Gilles Marcotte, *Le roman à l'imparfait,* Montréal, Typo, 1989, p. 19. Constat similaire au sujet de la poésie : « Le passage de la poésie traditionnelle à la poésie moderne, s'il est accompli dans les profondeurs du langage et non seulement dans ses ornements, implique un mouvement de conscience d'une extrême gravité. Il oblige le poète à traverser une nuit de l'esprit où toutes les valeurs semblent se dissoudre » (Gilles Marcotte, *Le temps des poètes,* Montréal, HMH, 1969, p. 56).

québécoise l'expression lukacsienne qui veut que le roman (moderne) soit l'épopée d'un monde sans dieux. Ce roman à l'imparfait l'est plus que jamais, à la condition de voir comment il témoigne de la nostalgie du « parfait », comme si le parfait servait dorénavant d'impulsion obligée au renouvellement de l'imparfait ; peut-être faudrait-il parler d'un roman post-imparfait, qui ne serait pas le contraire de la forme initiale, mais son prolongement. De tout temps, au Québec, nous avons écrit de façon obsessionnelle la question du père, et, pour des raisons que l'on comprend aisément, le père omniprésent, faute d'être omnipotent, a toujours été conjugué principalement à l'aune du religieux ; mais, contrairement à ce qu'on pourrait croire, cette conjugaison n'a jamais été aussi forte depuis le déclin du clergé à partir des années 1960.

Encore une fois, sorte de précurseur, le parcours romanesque d'Hubert Aquin est significatif de la recherche du parfait dans la forme du roman à l'imparfait, donc d'un questionnement de l'altérité à l'aune du sacré. Je ne veux pas accorder à Aquin, dans cet essai, une importance démesurée ; mais il est évident par ailleurs qu'il est une figure symptomatique particulièrement forte du désarroi postmoderne au Québec. De *Prochain épisode* à *Neige noire* (1974), la réflexion sur le pays se déplace graduellement vers le sacré, le sacré non plus dans sa dimension politique, mais en soi – parce que l'ordre du père et du sacré est la condition préalable au pays. Les dernières pages de *Neige noire* nous montrent la relation charnelle et mystique entre deux femmes qui « les fait communier avec tout ce qui vibre, avec tout ce qui frisonne, avec tout ce qui vit dans la royaume du Christ[42] ». Le sens de cette fin apparemment ambiguë se comprend à partir du rapport intertextuel que le roman développe avec la pièce de Shakespeare, *Hamlet*. Le fameux monologue interrogatif d'Hamlet, que génère la mort du père, pose les conditions fondamentales de l'œdipe : l'amour peut-il être ou ne pas être au-delà de la mort du père ? La pièce répond à la question par une impasse : l'amour ne

---

42. Hubert AQUIN, *Neige noire,* édition critique établie par Pierre-Yves Mocquais, Montréal, Bibliothèque québécoise, 1997, p. 277.

semble pas possible. C'est cette idée que réactualise Aquin, où le narrateur assassine celle qu'il aime après avoir appris le lien incestueux qui la lie à son père. Ce n'est pas le père qu'il cherche à tuer, mais la fille : parce qu'il lui est impossible de se faire père, le narrateur se dépossède de ce qu'il aime. Ainsi consent-il à l'impuissance d'Hamlet. Mais alors, si le père fait obstacle à l'amour, comment retrouver le sens du sacré ? C'est à cette question que répond la fin du roman. L'amour entre femmes évacue le père, privilégie l'inceste, le pareil et le même à l'altérité.

Ce dont il est question, ce n'est donc pas de la religion mais de sentiment religieux, qui sont deux choses bien différentes, bien qu'elles puissent évidemment se recouper, comme ce fut longtemps le cas au Canada français. La Révolution tranquille témoigne de bouleversements sociaux qui ont suscité l'éclosion de nouvelles formes romanesques déterminées par une perte du sacré et un rapport à l'autre devenu soudainement plus complexe. Si l'on observe bien la génération de romanciers qui fait son apparition dans les années 1990, elle substitue (ou, plus rarement, ajoute) à la question du pays une autre dimension du manque qui est directement issue de la structure socio-institutionnelle séculière mise en place avec la Révolution tranquille. Le manque n'est plus politique, il est surtout, et avec une intensité qui va s'accentuant, d'ordre métaphysique. Ce n'est pas que notre roman fin-de-siècle ménage un espace pour le discours catholique d'autrefois (ce discours n'est plus possible depuis longtemps) ; mais ce discours s'est transformé sans pour autant quitter la culpabilité signifiante qui le fonde, ce qui se traduit par une production romanesque qui investit un même parcours de l'échec, mais à travers des métaphores religieuses aussi multiples que diverses, renouvelant profondément la thématique judéo-chrétienne. Dans un article de 1985, Gilles Marcotte, encore une fois, observait que la culpabilité et les grands enjeux de la culture judéo-chrétienne, comme la justice et la personne, étaient les thèmes privilégiés des écrivains québécois. Il terminait ainsi : « Nous n'avons pas fini de lire, au Québec, des textes où les déterminations religieuses, à l'insu des écrivains eux-mêmes souvent,

feront partie des règles du jeu[43] ». Cela est d'autant vrai que
c'est toujours après coup que les consciences prennent véritablement acte des événements ; et de la même façon que le
romantisme est la réaction à la Révolution française, la littérature québécoise des années 1990-2000 est la réaction désen-
chantée à la fissure opérée par la Révolution tranquille. François Ricard s'étonnait à juste titre, en 1981, que la littérature
québécoise n'ait pas « éprouvé de l'intérieur, du sein même de
cette douleur et de cette sorte d'incertitude métaphysique
qu'elle répand dans la vie, l'expression, mieux : l'écriture de
cette révolution, du chancellement et de la dissolution de l'ancien monde[44] ». La réaction vint essentiellement au tournant
des années 1990.

Qu'on lise par exemple les romans de Louis Hamelin,
d'Emmanuel Aquin, de Pierre Samson, de Sylvain Trudel,
d'Alain Beaulieu ou de Gaétan Soucy, parmi d'autres, on ne
peut qu'être frappé par la récurrence obsessionnelle d'une
figure du père saisie dans un imaginaire où dominent les références religieuses ou métaphysiques (sans pour autant que soit
nécessairement évacuée la question du pays) ; et ce ne sont pas
là des références qui interviennent comme un relent de culture
classique, mais qui fonctionnent eu égard à un manque très net,
qui coïncide bien entendu avec la liquidation du clergé dans les
années 1960.

La rage (1989) de Hamelin est tout aussi exemplaire d'un
certain rapport au père que pouvait l'être, au milieu des années
1960, *Prochain épisode* d'Aquin. Il vaut la peine de s'y attarder, bien que je ne saurais d'aucune façon, quant à la question
du père, rendre compte aussi brièvement de la complexité et de

---

43. Gilles MARCOTTE, « Le "mythe" de l'universel dans la littérature québécoise », *Littérature et circonstances,* Montréal, l'Hexagone, 1989, p. 109.
Récemment, il revenait avec cette idée : « Par un paradoxe qui serait sans
doute plein d'enseignement si on s'y arrêtait un peu, c'est au moment où la
déchristianisation fait son œuvre, où le "désanchantement du monde" vient
près de s'accomplir, que le texte religieux, et particulièrement mystique,
réapparaît dans notre culture vivante » (Gilles MARCOTTE, « "Un poète pire
que moi", dit-il », *Le Devoir,* 8-9 janvier 2000, p. D1).
44. François RICARD, « Notes sur le roman paysan », *La littérature contre
elle-même,* Montréal, Boréal, 1985, p. 134.

la richesse du roman, qui flirte autant avec le dictionnaire des symboles qu'avec le dictionnaire de la langue[45]. L'écriture de Hamelin se caractérise, sur le plan du contenu, par la recherche d'une indifférenciation entre les personnages, laquelle conduit alors à l'aliénation du héros, Édouard Malarmé. Le personnage, dans les romans de Hamelin, est généralement quelqu'un qui est « possédé », souvent au sens fort du terme : ainsi Édouard devient enragé. Édouard, qui se définit comme « un paumé sur-éduqué », squatte une terre qui appartient au bonhomme Bourgeois. Il est amoureux de Christine, dont le père est un fermier qui a été exproprié par Bourgeois. Ils feront l'amour une seule fois, retrouvant ensemble « l'entité duelle des débuts de l'humanité[46] ». Édouard croit faire corps avec ce qu'il y a de plus ancien en lui, avec ce qui remonte avant la civilisation, c'est-à-dire l'instinct, ou mieux encore, l'indistinct, étant donné que l'acte amoureux est perçu moins comme la rencontre de deux corps que comme la reconquête et la jouissance de la fusion originelle. Parce qu'Édouard rejoint Christine au plus profond de son être, à la source d'une intuition plurielle (ils réunissent en eux « tous les coïts d'une existence humaine »), dans une sorte de noyau primitif, l'indifférenciation atteint à une forme particulièrement raffinée, celle de l'inceste ; d'ailleurs, Christine confiera à Édouard qu'elle l'aime « un peu comme un grand frère[47] ».

À la suite de l'annonce par Christine de son départ pour la Californie et de la mort de son frère, Johnny, qui était l'ami d'Édouard, celui-ci reçoit la visite de Bourgeois, qui réclame son expulsion de sa terre. Bourgeois, défini comme « le grand patriarche du clan archaïque », est l'image du père symbolique : Édouard le tue de deux coups de fusil. Par son geste, Édouard se sent comme le « petit-fils subrogé, incarnation et condensation de tous les petits-fils absents complotant pour

---

45. Je reprendrai certains éléments de mon article « Portrait du héros en jeune saint-je. *La rage* et *Cowboy* de Louis Hamelin », dans Lucie HOTTE (dir.), *La problématique de l'identité dans la littérature francophone du Canada et d'ailleurs,* Ottawa, Le Nordir, 1994, p. 21-28.
46. Louis HAMELIN, *La rage,* Montréal, Québec/Amérique, 1989, p. 370.
47. *Ibid.*

détrôner le pacha » ; pareillement, Bourgeois figure l'Autorité, la face du bonhomme se prêtant imaginairement à « une mécanique combinatoire détraquée[48] », qui permet d'intégrer les portraits d'autres pères. Bourgeois représente de façon particulière le père de Christine, qui avait autrefois abusé physiquement de sa fille ; dépossédant sa fille de son corps, le père commettait un acte qui rappelle que lui-même, autrefois, s'était fait exproprier sa terre par Bourgeois. Ainsi, de père en père, d'expropriation en expropriation, remontons-nous jusqu'au Père suprême, jusqu'à l'expropriation première. En effet, le bonhomme Bourgeois, qui a chassé le père de Christine de son petit paradis terrestre (il s'agit bien d'un véritable paradis fait de bonne terre, de terre propice à l'agriculture), ne fait que reproduire un acte qui le dépasse. Car « le véritable péché originel pourrait bien avoir été la propriété foncière du paradis[49] ». « Dieu a peut-être été logique lorsqu'il a mis en branle la plus vieille expropriation du monde[50] », songe Édouard.

Si au commencement était l'action, comme le dit le Faust de Goethe, l'action est ce parricide qui procède d'un interdit qui vise à séparer l'enfant et la mère, et que l'épisode de la Chute métaphorise magnifiquement. En effet, l'expropriation du paradis naît de la création de la figure de l'Autre, Ève, qui fonde la première figure de l'altérité de la culture judéo-chrétienne. Si Dieu n'avait pas tiré Ève de la côte d'Adam, autrement dit s'il les avait laissés dans cet état bienheureux d'indifférenciation, s'il n'avait pas privé Adam de la jouissance de posséder toutes les femmes en une seule, Adam et Ève n'auraient pas péché. Mais séparés l'un de l'autre à la suite d'un geste de révolte, ils accédaient au monde de la culture et de la culpabilité. Ainsi, l'acte d'expropriation du paradis terrestre apparaît à l'origine de tous les conflits familiaux, ou plus précisément, l'acte d'expropriation du fils est du coup un acte d'appropriation de la mère par le père : il faudra dorénavant

---

48. *Ibid.*, p. 395.
49. *Ibid.*, p. 12.
50. *Ibid.*, p. 13.

tuer le père[51] pour avoir droit à la mère. Mais à quel prix ? Est-il possible de posséder la mère sans avoir la rage ? Telle semble être la question que pose *La rage* et qui, depuis, débouche sur l'une des œuvres les plus fortes de la littérature contemporaine.

La rage manifeste l'emprise sur le sujet de la mère inces-tueuse et une incapacité foncière de se faire père. Carrément « avalé » par la mère, comme le disait déjà Ducharme[52], le fils est soumis à un état d'aliénation, de rage, qui procède d'une blessure originaire pathologique qui le laisse à jamais insatisfait : « D'avoir eu Christine ne me donne rien. Il faudrait que je la possède pour l'éternité, pour avoir le sentiment de l'avoir aimée ne serait-ce qu'une seconde[53] ». Tout le roman est traversé par cette forme identitaire profondément postmoderne. Il s'agit toujours pour Édouard de fusionner avec les autres, d'assimiler les différences, afin d'atteindre à une complétude d'être universelle, proche de l'origine, de l'originel, c'est-à-dire de cet Adam initial qui était un être parfait, total. Réin-venter le mythe d'une sorte d'unicité d'avant la chute, d'avant

---

51. Seule la mort lie Édouard et Bourgeois, qui se rencontrent autour d'un « vide filial » : « Et j'ai senti un immense ressentiment m'envahir, parce que je trouvais ça trop con, parce que moi, au fond, je n'avais cherché qu'une famille tout ce temps […], et que ce vieux bonhomme pourri cherchait lui aussi une famille, une famille aussi fantômale que la mienne, et que nous nous étions rencontrés ici, moi cherchant des parents, lui cherchant des enfants, et qu'il n'avait en tête que le maudit projet de m'évincer de son chalet-mausolée chéri pour pouvoir mourir en paix » (*ibid.,* p. 393).

52. Je pense bien sûr au fameux incipit de *L'avalée des avalés.* Mais l'incipit du dernier roman de Ducharme, *Gros mots,* rejoue en quelque sorte celui de *L'avalée* : « Ça n'a pas l'air de s'arranger mais je ne vais pas me ronger. C'est mon histoire. On est ici chez moi. On ne va pas me déloger comme ça. Se débarrasser du héros en trois coups de cuiller à mots » (Réjean DUCHARME, *Gros mots,* Paris, Gallimard, 1999, p. 9). Ce qui veut dire en gros : ça ne s'arrange pas, la vie ne vaut pas grand-chose, mais enfin puisqu'il le faut bien, on continue d'écrire. La dernière phrase clôt cette idée de belle façon. On dirait plutôt : « Se débarrasser du héros en trois mots ». Mais Ducharme écrit : « trois coups de *cuiller à mots* ». C'est donc que les mots se mangent. On en bouffe des mots, ils sont trop *gros,* ça rend malade ; ça rendait folle Bérénice : « Tout m'avale ». C'est parce que tout l'avale qu'elle a pris la plume, pour lutter contre l'emprise aliénante de la mère et la faillite de la loi…

53. Louis HAMELIN, *La rage, op. cit.,* p. 373.

même la création du monde. À ce propos, les images récurrentes chez Hamelin (nombreuses dans *Cowboy*) d'un réaménagement de l'horizon spatial, où la terre et le ciel se rejoignent jusqu'à se confondre, sont significatives. C'est cette image grandiose qui ouvre *La rage* : Édouard est étendu sur l'herbe, il ferme les yeux et écoute le bruit des avions qui aspire la terre, « dénude le sol minéral, puis le tof, la roche-mère [...] jusqu'à ce que le magma originel, pour finir, fuse dans l'air en un geyser formidable avalé là-haut par les sphincters en feu des quatre moteurs[54] ». Il est inutile, je pense, d'insister sur la puissante charge libidinale de cette description. Couché sur les terres du bonhomme Bourgeois, Édouard, qui se sacre roi, les réclame « au nom de sa couronne imaginaire[55] ». Mais précisément parce qu'il est marqué par le sceau de l'imaginaire, autant l'imaginaire lacanien que l'imaginaire tel que nous l'entendons couramment, il n'y a qu'un pas de la terre expropriée au paradis terrestre, que sa pensée potentiellement enragée franchit aisément. Ce qu'il veut, ce à quoi il croit avoir droit, ce qui le possède, c'est ce dont témoignent ces images qui fondent la terre et le ciel, c'est la terre plus le ciel, c'est-à-dire la terre du ciel. Édouard Malarmé[56] va donc chercher à occuper l'espace aérien comme il occupe le sol : illégalement, mais avec le sentiment de prendre ce qui lui appartient, ce qui lui revient de droit, puisque son acte est inféodé à l'aliénation maternelle et disqualifie la légitimité de toute autorité. C'est pourquoi le roman se termine sur cette image renversante du héros qui, voulant s'assurer le contrôle des airs, de l'espace infini, reconquérir le Paradis terrestre, prend d'assaut ce qui a remplacé les cathédrales : les aéroports (« les cathédrales des terroristes[57] », dit-il), en l'occurrence l'aéroport de Mirabel, dont la tour de contrôle est le clocher.

---

54. *Ibid.*, p. 17.

55. *Ibid.*, p. 68.

56. En référence à Stéphane Mallarmé sans doute, qui rêvait du livre total comme Édouard Malarmé rêve de la possession totale. Mais Édouard est « mal armé » par rapport à son désir : il manque un « l » à son nom, c'est-à-dire *elle,* la Femme.

57. Louis HAMELIN, *La rage, op. cit.*, p. 403.

À ce discours, soutenu par la métaphore religieuse, qui colore la trame événementielle, se superpose un discours à saveur politique, dont il faut dire un mot pour bien faire voir la complicité entre le discours œdipien et l'appréhension des conditions historiques. Si le squatter Édouard Malarmé est définitivement séparé de Christine, cette situation semble renvoyer à ce qui définit l'écriture.

> *L'écriture serait toujours une dépossession intime, l'écriture serait tout bonnement incompatible avec le fait de posséder, et tout texte serait toujours une réclamation, une demande d'amour, bien entendu, mais surtout une revendication territoriale, une demande de validation d'une frontière à peine franchie et donc maintenant définie, une demande de reconnaissance d'un pays qui n'existe pas encore parce que le lecteur est en train de l'inventer dans sa tête. L'expropriation serait un thème bien québécois, alors, le thème québécois par excellence ! L'écrivain est un exproprié qui n'a pas d'espoir de retour, un exproprié avant la lettre, un exproprié qui n'a jamais possédé. C'est une christ de contradiction*[58].

L'expropriation, qui manifeste un écart, un insupportable décalage qu'elle est amenée à essayer vainement de combler, est double : elle est le fait de l'écrivain vis-à-vis de sa propre écriture, d'une part, vis-à-vis du lecteur, d'autre part. Si l'expropriation est *le* thème québécois, c'est bien parce qu'il y a cet écart irréductible entre l'absence de pays et la possession du pays. La littérature devient donc la marque du clivage, du sujet clivé, de qui écrit faute d'être père. Être père, en effet, ce serait conquérir le pays, unifier l'écrivain et son lecteur, c'est-à-dire abolir la nécessité d'écrire. Ce qu'il faut, ce n'est donc pas écrire, mais agir pour changer les choses. Ce que fera Édouard, mais désespérément, sur le mode de l'*enragement,* comme si l'histoire n'était qu'échec.

À travers la refondation du territoire exproprié, du paradis terrestre, il faut lire bien sûr la possession du territoire national

---

58. *Ibid.,* p. 256.

dont les colons furent expropriés en 1760. Édouard rapporte le cas suivant de rage :

> *en 1819, le Duc de Richmond, alors Gouverneur géné-*
> *ral du Canada, fut mordu par un renard captif près*
> *d'Ottawa. Il mourut peu après d'hydrophobie. Cela se*
> *passait dix-huit ans avant l'insurrection des patriotes.*
> *On peut donc affirmer sans sourciller que le premier*
> *geste terroriste au pays fut posé par un renard*[59].

Le premier acte posé contre un Anglais fut un acte enragé, au sens fort du terme : le désir instinctuel de tuer. Le geste est déséquilibré, mais c'est néanmoins en retrouvant ce geste meurtrier, par l'assassinat du bonhomme Bourgeois et par l'occupation de la tour de contrôle de l'aéroport, que, par-delà la révolte des patriotes, le héros semble seulement en mesure de concevoir la réappropriation du territoire perdu, du territoire sacré. Stimulé par la harangue de son ami Johnny :

> *Va falloir que tu choisisses, mon gars. Entre le modèle*
> *québécois et le modèle japonais. Entre le mouton et le*
> *samouraï. Le mouton se laisse immoler, mais le*
> *samouraï, lui au moins, il choisit son bourreau, et sou-*
> *vent il se choisit lui-même*[60],

Édouard opte pour l'un et l'autre, il fusionne le mouton et le samouraï, devenant un mouton enragé[61] : le mouton-samouraï, qui se choisit comme bourreau pour définir une frontière, pour établir la « reconnaissance d'un pays ». Mais la rage, pas plus qu'elle ne permet de devenir père, ne permet de concevoir l'efficacité de l'action politique ; elle est seulement la mesure désespérée d'un lien incestueux qu'il semble impossible de transformer en acte de paternité.

Roman d'une grande richesse, *La rage,* vingt-cinq ans après *Prochain épisode,* propose à son tour un renouvellement esthétique du romanesque qui tire profit de la reconnaissance

---

59. *Ibid.*, p. 233.
60. *Ibid.*, p. 363.
61. « Même le mouton, notre symbole national, peut attraper la rage ! » (*ibid.*, p. 233).

symbolique de l'histoire intellectuelle du Québec[62]. La question, celle de l'expression religieuse de la métaphore paternelle, on le voit, est moins affaire de génération que d'époque ou de contexte sociohistorique. À cet égard, écrivant dans les années 1990 un roman des années 1960, Jean Larose, dans *Première jeunesse,* paraît répondre admirablement au vœu que formulait François Ricard, à savoir la production d'un roman qui se donne pour matière à réflexion l'expérience du bouleversement des valeurs engendrées par les années 1960, un roman qui fait état de « cette chute elle-même, cette désorganisation de l'esprit et de l'existence, et qui chercherait le langage même de la perte irrémédiable qu'elle représente[63] ».

Ce que raconte *La rage* dans une extraordinaire liberté d'écriture, *Première jeunesse* en rend compte au moyen d'un discours admirablement *raisonné,* lucidement maîtrisé, dont on sent que la référence psychanalytique n'est jamais loin. Ici aussi le schème religieux est constant, que ce soit par l'usage de métaphores ou au moyen d'un discours qui puise dans les références bibliques et culturelles. Je n'y insisterai pas, me contentant de dégager le canevas qui une fois de plus fonde l'écriture romanesque. Autre roman d'un personnage obsédé par la figure paternelle et qui « est vraiment *l'avalé des avalés*[64] ». Les trois premières pages, comme un long incipit de

---

62. On rejoint en particulier la violence verbale de la réflexion des intellectuels de Parti pris, celle d'un Paul Chamberland par exemple, qui revendique le meurtre enragé dans *L'inavouable,* afin de surmonter l'attachement au « paradis terrestre » qu'il a « désiré avec une concupiscence de cocu » et que du geste héroïque (adulte) adviennent l'homme nouveau et le pays : « eux qui sont bons compréhensifs, plaideront l'aliénation : j'aurais régressé et je leur donne raison, oh combien ! oui, je régresse méthodiquement, rageusement vers mes racines sauvages j'embrasse la terre brune, le beau labour chaud de juillet que je baisais, enfant, [...] bêtes de préhistoire nous sommes embourbés jusqu'au cou dans la vase de notre légende, qui n'est pas au passé mais au futur le mythe est devant : à réaliser, à tuer très physiquement dans le corps chaud et grassement nourri des juges des gardiens du mythe assassin castrateur de notre fausse histoire compliquée et dévorante » (Paul CHAMBERLAND, *L'inavouable,* Montréal, Parti pris, 1968, p. 10 et 113-114).

63. François RICARD, « Notes sur le roman paysan », *loc. cit.,* p. 134.

64. Jean LAROSE, *Première jeunesse,* Montréal, Leméac, 1998, p. 35.

Ducharme, dévoilent déjà toute la question. Le roman
commence par cette phrase : « L'amour est une nouvelle vie,
voilà toute une révélation[65] ». Cet amour, qui bouleverse
François et lui ouvre des perspectives infinies, c'est celui de la
relation à la mère, « l'Ève du paradis » : « Il m'est arrivé ce qui
n'arrive jamais : je l'ai connue, elle m'a aimé ! J'ai connu le
Paradis[66] ». Amour d'autant plus *vrai* que le consacre le
mécontentement symbolique du père, la colère d'un père-dieu
« qui assèn[e] ses coups sur les bas organes du plaisir[67] » ;
amour vrai, donc, mais d'autant plus impossible. De fait, François ne peut « demeurer en Paradis », car il a appris à s'aimer
davantage, à se préférer à celle qu'il aime, et cela en raison du
savoir même, d'un savoir génial ; par la connaissance il s'est
élevé à un niveau d'admiration de soi-même qui ne fait plus de
place à l'amour de l'autre. « [M]e cherchant, je me suis en effet
trouvé[68] », constate-t-il. Or, ce savoir, qui coupe le sujet de la
mère, c'est bien sûr celui qu'instruit la castration symbolique,
qui introduit le sujet au langage et à la culture ; à partir de ce
moment, l'amour ne peut plus se vivre que sur le mode du
décalage, et la vie ne peut que se dire, que s'écrire. Cette vie,
ce savoir, la façon dont progresse ce savoir avec son cortège de
haine et de culpabilité, ce sera précisément le sujet même du
roman, ce sera le roman lui-même, car l'écriture naît de cette
nécessité de fonder le sens par la Loi. Roman d'amour qui
achoppe donc, et qui avance péniblement vers l'âge d'homme :
« Quelquefois, elle-même, réalisant l'autre femme dont elle
m'était la promesse, fait un homme de moi[69] ».

Dans le bref regard diachronique que j'ai proposé sur la
littérature québécoise – bref mais qui me paraît pouvoir cerner,
de façon essentielle, l'espace psychique qui caractérise le
destin littéraire québécois –, cette littérature, par le biais de la
forme romanesque en particulier, privilégie successivement

---

65. *Ibid.*, p. 9.
66. *Ibid.*, p. 11.
67. *Ibid.*, p. 10.
68. *Ibid.*, p. 12.
69. *Ibid.*, p. 263.

des discours qui, par leur manière de problématiser la question du père, ont de la suite dans les idées, si l'on peut dire : la terre, le pays, le sacré. Ce dernier n'a plus rien de commun avec l'espace religieux dans lequel pouvait s'écrire le roman canadien-français, et cependant il n'est que l'envers du discours religieux des élites, de ce discours exalté de « la terre vivante », pour reprendre le titre d'un roman d'Harry Bernard. En fait, d'un romanesque à l'autre, le pays et le religieux/le sacré restent liés. Le roman canadien-français exalte une reconquête à la fois mythique et mystique du pays dirigé par le pouvoir clérical. Le roman de la Révolution tranquille laïcise la structure politique, refoulant le religieux qui toutefois colore en métaphores et références multiples le parcours du héros dans son rapport à l'autre ; si le discours religieux proprement dit est mis de côté, la valeur sacrale du projet national est conservée. Le roman qui s'écrit au tournant du millénaire accorde moins de place à la question du pays et réinterroge sur le mode angoissé du manque le lien religieux, quitte parfois à penser cette perte sous le mode de la dérision (ainsi Jacques Godbout dans *Opération Rimbaud*).

Cette persévérance du sacré caractérise d'autres pratiques culturelles, qu'il s'agisse du cinéma de Denys Arcand (*Jésus de Montréal*), du théâtre de Wajdi Mouawad (*Littoral*)[70], de la chorégraphie d'Harold Rhéaume (son spectacle intitulé *Les dix commandements,* joué à la Place des Arts en novembre 2000) ou du vaste projet de François Girard consacré aux sept péchés capitaux au Musée d'art contemporain (premier volet avec *La paresse,* installation présentée en septembre 1999), qui traduisent des préoccupations métaphysiques évidentes. Il y aurait là beaucoup à dire. D'une époque à l'autre, d'un genre à l'autre, d'une forme culturelle à l'autre, à vrai dire, le pays se perd un peu, tandis que le sacré persévère étonnamment, comme quoi

---

70. Au moment où *Littoral* triomphe, Stéphane Baillargeon fait le constat suivant – fût-ce sur le mode péjoratif – au sujet de la rentrée théâtrale de l'automne 1998 : « En vérité, *Le Devoir* vous le dit, les pièces en odeur de religiosité abondent en ce début de saison. Au secours, Voltaire, ils sont revenus ! » (« La preuve par Dieu », *Le Devoir,* 3-4 octobre 1998, p. B1).

ce qui reste encore de rapports symboliques atteste peut-être de l'impossible mort du sens, ou de sa mort lente, très lente[71].

Alors que la littérature du Québec a toujours été saisie sous l'étiquette « national », c'est peut-être, on le voit, l'étiquette « religieux » qui lui sied le mieux. Et la question religieuse paraît se complexifier à mesure où, avec la modernité, s'effritent le patriarcat et les valeurs traditionnelles, car elle se manifeste dorénavant sous une pensée inquiète qui se cherche un lieu d'ancrage. La Révolution tranquille n'aurait pas liquidé la question religieuse, mais l'aurait reportée à un autre niveau de questionnement.

---

71. En témoignent encore les récents dossiers « Dieu » de la revue *Agora* (vol. 5, nº 3, mai-juin 1998), « Avec ou sans Dieu ? » de la revue *Possibles* (vol. 23, nº 3, été 1999) et « L'expérience mystique » de la revue *Liberté* (vol. 43, nº 252, mai 2001).

UNE PENSÉE MYTHIQUE

Les préoccupations tourmentées du roman moderne trouvent magnifiquement leur pendant dans l'essai. Ce sont d'abord, et d'une manière qui reste inégalée depuis, les réflexions philosophiques fondamentales de Fernand Dumont dans *Le lieu de l'homme* (1968) et de Pierre Vadeboncœur dans *Les deux royaumes* (1978) qui vont prendre acte de la fissure métaphysique, de cette chute dans l'étrange et dans la perte. Leurs réflexions mettent en place un horizon intellectuel sur lequel il apparaît capital de situer la production littéraire et artistique contemporaine. Doués d'une exceptionnelle sensibilité intellectuelle, ils sont les témoins privilégiés du passage d'un monde à un autre, de la substitution d'un univers mental à un autre, du basculement dans un espace social où l'économie marchande a dénaturé les rapports humains. Dans un monde où l'être adulte ne cesse d'éterniser sa jeunesse, ils rappellent à leur manière que ce qui importe, ce n'est pas de vouloir vivre jeune, mais de vieillir sans renier l'enfant que l'on a été.

Les positions indépendantistes de Dumont et de Vadeboncœur sont bien connues, et l'on verra comment elles se déduisent symboliquement de leur pensée philosophique. Avec d'autres, ces penseurs nationalistes, on le sait, sont identifiés, avec raison sans doute, comme des nostalgiques chroniques, des mélancoliques impénitents ; Jocelyn Maclure va même jusqu'à parler du « discours social national-mélancolique[1] ». Mais cette mélancolie, cette nostalgie, faut-il le redire, participe d'un complexe paternel qu'il importe avant tout de saisir.

---

1. Jocelyn MACLURE, *Récits identitaires. Le Québec à l'épreuve du pluralisme, op. cit.,* p. 45.

FERNAND DUMONT ET LA MÉMOIRE

Le lieu de l'homme, qui est sans aucun doute l'un des essais les plus lucides à avoir été écrit au Québec, n'a peut-être jamais été aussi actuel que présentement. Dumont est le premier à mesurer avec une force de conviction qui verse du côté du mythe, et fût-elle profondément angoissée, les conséquences culturelles de la mort de Dieu, de la perte du sacré et du sens. *Le lieu de l'homme* ne pouvait être écrit que dans un monde où Dieu n'était plus, et surtout dans un monde où cette absence ne saurait, par défaut, valider la liberté individualiste comme mode d'habiter la culture. L'homme a cru que l'abolition de la Loi le rendrait plus libre, alors qu'il a plutôt donné forme à un grand désarroi qui n'en finit plus ; il emploiera dorénavant sa liberté à mesurer ce qu'il a perdu et le non-sens de sa vie. Cette idée fondamentale, ce « déchirement irréductible entre le monde du sens et celui des formes concrètes de l'existence[2] », Dumont l'illustre à partir d'une réflexion sur le passage de la « culture première » à la « culture seconde », dont la ligne de partage a la même force signifiante que le mythe freudien du meurtre du père primitif ou la mise en place de la métaphore lacanienne du Nom-du-Père.

La culture première se manifeste comme une sorte de mythe des origines et de l'unité culturelle, où le langage unanime de la collectivité règne. Pour Dumont, la parole est donnée à l'homme en tant qu'elle suppose que « de plus loin que les mots, se cache un accord de tous sur l'unité de l'univers et qui garantisse la teneur de mon discours en s'y manifestant[3] ». À cause des « contradictions du monde », le langage se dédouble et devient parole[4].

Il y a donc deux langages parce que la conscience est coincée entre deux mondes. Un monde de la cohésion

---

2. Fernand DUMONT, *Le lieu de l'homme. La culture comme distance et mémoire,* Montréal, Bibliothèque québécoise, 1994, p. 27.

3. *Ibid.,* p. 38.

4. Le langage est du côté de l'unanime, comme la parole du côté de l'individu. « Selon la distinction de Ferdinand de Saussure, parole et langage renvoient l'un à l'autre comme l'individu à la collectivité » (*ibid.,* p. 62).

> *première où nous posons avec assurance les regards et*
> *les actes de tous les jours, où les choses sont nommées,*
> *où les symboles familiers tissent autour de nous nos*
> *multiples appartenances. Pour tout dire, un monde du*
> *« sens commun », et selon la double acception du*
> *terme : comme vérité certaine et comme vérité una-*
> *nime. Il est un autre monde, celui du changement, du*
> *possible, de l'incertitude, de l'angoisse : beaucoup de*
> *nos actions et de nos paroles s'évertuent à les expri-*
> *mer ou à y parer ; elles cherchent à restaurer le sens*
> *et, pour ce faire, à rétablir sans cesse la continuité*[5].

Ce partage entre la cohérence du monde et sa face inquiète revient à poser d'abord un univers qui se caractérise par la présence souveraine et bienfaisante de la mère, puis un univers marqué par la loi du père, où l'enfant accède à la pensée subjective, donc au dédoublement de la conscience, et pénètre dans un univers où tout fait signe vers ce qui a été perdu, vers l'unité originelle. Et le mythe est d'autant plus durable, d'autant plus « vrai » qu'il repose sur des effets de langage et qu'il tient à l'état d'une conscience dont la possibilité raisonnante est conditionnelle à la perte. La conscience se découvre dans la distance culturelle, distance qu'elle désirerait abolir ; mais aussi est-ce justement du fait de cette distance que la conscience peut se donner ce projet et s'éprouver dans la nostalgie d'une unité. Toute la réflexion philosophique de Dumont tourne autour de cette aporie fondamentale, que va nourrir l'option nationaliste du penseur.

Cette aporie est donc symboliquement constituée de l'œdipe. La culture première, signe de la représentation maternelle, doit être « cultivée », retrouvée, pour donner sens à la culture seconde et l'inscrire dans l'ordre de l'héritage. Le mythe dumontien développe ainsi ce lieu où le père rend croyable le pays, l'appartenance à la terre-mère ; il s'agit de rendre transparent cet espace discursif dans lequel le fils accède à la paternité symbolique. S'il est impossible d'opérer un retour à la culture première, il faut au moins pouvoir aménager un lieu

---

5. *Ibid.*, p. 61.

à la culture seconde, un cadre de vie en société qui réinstaure le sens de ce qui a été perdu ; c'est ici que le concept de mémoire chez Dumont devient capital, le travail de la mémoire des faits et valeurs passés permettant d'inscrire l'individu dans le temps historique. L'indépendance du Québec et le repatriement de son histoire deviennent une façon de faire œuvre de mémoire, tout autant que la mémoire est la seule façon, dans une société moderne qui a aliéné l'homme à la technique, de faire œuvre de pays. L'indépendance du pays, qui est aussi une mémoire libérée, rétablirait la vie culturelle en accord avec « le mode d'appréhension de la temporalité que représente la tradition[6] », puisqu'elle autoriserait le passage au rang de père. La mémoire devient la manière de redonner sens au père. La vision culturelle du *Lieu de l'homme* nous permet de comprendre la nécessité de l'engagement politique, dans la mesure où le pays accorderait l'origine et la loi symbolique : refonder le lieu de l'homme, c'est la métaphore quasi sacrale de l'option indépendantiste du philosophe, de qui cherche désespérément à passer au rang de père. Et vingt-cinq ans plus tard, un ouvrage comme *Genèse de la société québécoise* rend très bien compte de la volonté inassouvie d'un tel accord ; le titre renvoie directement à la Genèse, « où la parole dit pourquoi nous sommes en ce monde et d'où ont commencé les grands itinéraires[7] », notait l'essayiste. Le « lieu » de l'homme, lieu du commencement, devient à la fois le pays et le dieu de l'homme.

Le texte de Dumont intitulé « Le père et l'héritage » est à lire en contrepoint au *Lieu de l'homme*. Dans son essai, Dumont appelle « modernité » ce qui a conduit au « dédoublement de la culture » ; or, dans son article, il épingle ce qui est au cœur du projet moderne, à savoir la remise en question du père. La réflexion sur la question du père n'est qu'un mode plus explicite ou plus particulier du discours culturel et de la réappropriation de la mémoire et du pays. Pour Dumont, la crise du père est liée à une crise de l'héritage, car le père est « le signe essentiel de la présence du passé dans le présent de

---

6. *Ibid.*, p. 250.
7. *Ibid.*, p. 38.

l'homme[8] ». La paternité comme « rôle » suppose « la responsabilité de modèles culturels et d'une conception de la vie qu'il
lui faut transmettre comme un héritage[9] », note-t-il. Or, bien
sûr, si à partir des années 1960 se pose la question de la transmission de l'héritage, c'est parce que, en vertu de la portée
symbolique des circonstances historiques que j'ai décrites, le
fils donne une forme plus accentuée à sa révolte, dont le
discours traditionnel fait les frais. Alors que le positionnement
vis-à-vis du Canada aurait dû s'accompagner d'une valorisation de l'héritage canadien-français, le Québec qui naît à la
modernité se coupe de l'héritage en raison d'une opposition
parallèle à l'Église. Pour Dumont, il aurait exactement fallu
qu'il en fût le contraire, et la structure œdipienne qui sous-tend
sa pensée nous le fait, une fois de plus, bien comprendre : si la
logique d'un héritage à transmettre dans le présent découle de
la saisie de cet héritage dans le passé, c'est parce que, pour
passer au rang de père, il faut symboliquement opérer un retour
à la culture première du mythe en faisant advenir le signifiant
paternel par le pays, la terre mère. Si le mythe rend le pays
possible, il n'en reste pas moins qu'il y a mythe et non pas
pays, qu'il y a mythe en l'absence de pays. Il suffirait toutefois
que le Québec réalise l'indépendance, donc passe enfin au rang
de père pour soi-même, c'est-à-dire passe du mythe au pays
réel, pour que la nostalgie tombe d'elle-même et que la question œdipienne « se normalise ». En ce sens, pour paraphraser
Lévi-Strauss commentant le mythe du meurtre du père primitif
de Freud, le mythe dumontien « joue le pays à l'envers »,
posant sa face nostalgique faute de pouvoir valoriser sa face
symbolique, mais déduit la nécessité de celle-ci par la nostalgie
nationaliste.

On voit bien comment, depuis les origines de la pensée et
du romanesque au Québec, et faute d'être parvenu à se faire
collectivement père, le discours se définit profondément par la
construction d'un mythe, celui des origines justement. Ce

---

8. Fernand DUMONT, « Le père et l'héritage », *Interprétation,* vol. 3,
nos 1-2, janvier-juin 1969, p. 11.
9. *Ibid.,* p. 16.

mythe du paradis, qui structure aussi bien l'essai de Dumont
que le roman de Hamelin, s'inscrit directement dans la lignée
intellectuelle qui part du roman de la terre. Et il semble bien
qu'il en sera ainsi tant que nous ne serons pas collectivement
passés au rang de père. Il y a au Québec toute une mise en
fiction fondamentale de la métaphore du paradis terrestre, dans
des romans apparemment aussi différents que *Angéline de
Montbrun, Maria Chapdelaine*[10], *Ils posséderont la terre, Il
n'y a pas de pays sans grand-père* ou *L'ogre de Grand
Remous* – quand cette métaphore n'est pas tournée en dérision,
comme dans *Papa Boss* de Ferron.

PIERRE VADEBONCŒUR ET LA VERTICALITÉ

Il n'en va pas autrement chez Vadeboncœur, où nous
retrouvons exactement la même nostalgie d'une « intégrité
primitive[11] » et la même valorisation de l'univers symbolique
paternel, liée à une affirmation forte de la nécessité du projet
national. Dans « La dignité absolue », qui ouvre *Les deux
royaumes,* Vadeboncœur relate une expérience spirituelle qu'il
faut situer dans les années 1960, et qui aboutira d'abord à la
rédaction du récit *Un amour libre* (1970).

Comme chez Dumont, ici aussi une conscience se fissure :
elle n'est soudainement plus le monde, elle ne se donne plus
pour la mesure du monde, mais elle mesure le monde :

> *De grands changements se sont produits dans ma
> pensée depuis quelques années. […]. Jusque-là, je
> crois que je n'avais jamais souffert par l'esprit. Mais
> la période dont je parle fut bien différente. Sans me*

---

10. Aussi Gabrielle Gourdeau, écrivant une suite au roman de Louis
Hémon, a-t-elle été bien inspirée en l'intitulant *Maria Chapdelaine ou le
paradis retrouvé* (1992). On sait que le mot « paradis » renvoie au personnage de François Paradis, dont Maria est amoureuse. C'est un heureux jeu de
mots. Ici, l'origine maternelle et la figure du fils coïncident : retrouvant
Maria, François deviendrait enfin le père qu'il n'aura jamais été, et l'histoire
pourrait commencer pour de bon, l'héritage pourrait se transmettre.

11. Pierre VADEBONCŒUR, cité par Robert VIGNEAULT dans « Pierre Vadeboncœur : la promotion du dualisme », *L'écriture de l'essai,* Montréal,
l'Hexagone, 1994, p. 113.

rendre compte de ce qui se passait en moi, pour la première fois je me suis trouvé dans un conflit tout intérieur avec le monde[12].

Précisant le mal dont il est atteint, l'essayiste découvre que nous habitons dorénavant « le royaume des choses obvies », que la pensée, dans ces conditions, s'exerce sans avoir « traversé préalablement aucun espace divin[13] ». « L'espace spirituel où l'on pouvait toujours, jadis, errer en quête d'une vérité suprême obscure ou du moins d'indications voilées pour tenir lieu de celles qui manquent inévitablement dans nos bas-fonds, cet espace, nous l'avons aboli[14] ». Remarquons la prudence de Vadeboncœur, qui ne nomme pas précisément « Dieu », ou « la religion », comme l'aurait fait un essayiste canadien-français, parce que la Révolution tranquille a complexifié le rapport au sacré, si bien que ce dont il cherche à rendre compte est au-delà : c'est « l'ineffable », « celui de l'au-delà de tout, de chaque visage, de la nation et de toutes les vérités trahies par défaut de voir qu'elles existent par-delà la portée simple du regard[15] ». L'ineffable est ici *le lieu de l'homme*. L'essayiste cherche à cerner moins une référence divine banalisée par la récupération du discours clérical sur le bien et le mal qu'une sorte de nœud discursif qui lie malgré elle la conscience à ses expressions symboliques ; c'est-à-dire une conscience « sans cesse maintenue dans un face à face avec de grandes lois[16] », parce que, « [s]'il y a quelque chose de nécessaire à l'intégrité humaine, c'est bien d'avoir au-dessus de soi un signe souverain, que les religions ont souvent exprimé par des symboles aussi dépouillés que des figures géométriques parfaites, le cercle, le triangle, ou l'aristocratie par ses blasons[17] ».

---

12. Pierre VADEBONCŒUR, « La dignité absolue », *Les deux royaumes,* Montréal, l'Hexagone, 1978, p. 9-10.

13. *Ibid.,* p. 18.

14. *Ibid.,* p. 17-18.

15. Pierre VADEBONCŒUR, « Éclairages », *Les deux royaumes, op. cit.,* p. 171.

16. Pierre VADEBONCŒUR, « La dignité absolue », *Les deux royaumes, op. cit.,* p. 19.

17. *Ibid.,* p. 21.

Ainsi, de la même façon que l'homme a besoin d'un lieu, il a besoin simultanément d'une référence transcendante qui le défie et à laquelle il s'identifie. Le lieu de l'homme est vertical, ou mieux encore, il doit être d'abord vertical (l'ordre de la croyance) pour devenir horizontal (l'ordre de la socialité). Mais se privant de ce plan de la verticalité pour se situer sur le plan horizontal que règle la démocratie néo-libérale, abolissant cette figure paternelle à laquelle s'identifier, le fils s'est non seulement coupé de modèles d'intégration sociale qui eussent apporté du relief au semblant de sens auquel se confine désormais sa vie, mais il s'est aussi privé de cet espace de liberté qui fait la dignité humaine. Croyant se libérer en faisant table rase des valeurs culturelles, il s'est aliéné à l'ordre économique qui le réduit au rôle passif et douillet du consommateur insatiable. Car la liberté, « ce n'est pas l'abandon mais la maîtrise[18] », insiste Vadeboncœur.

Alors Vadeboncœur, comme Dumont dans sa posture génétique, de se replier imaginairement dans un monde *antérieur,* dans cet univers mythique qu'il appelle « l'esprit d'enfance[19] », qui lui permet d'« abandonner par l'esprit ce qui fait une époque » ; lieu sacré, où il y a « une source qui ne dépend d'aucune autre et qui est au commencement selon l'esprit », car elle est « indépendante de l'événement et de la circonstance[20] ». Ce repli, ce refuge dans l'esprit d'enfance, Vadeboncœur en a fait le récit, à travers sa relation avec son jeune fils, dans *Un amour libre,* véritable récit mythique, qui réhabilite la fonction paternelle en la définissant par un rapport d'harmonie et de reconnaissance vis-à-vis du fils. Dans cet imaginaire sans interdit, le père n'est pas encore mort et le fils n'est pas encore coupable.

Il n'y avait pas le moindre interstice dans notre amitié, parce que l'esprit de cet enfant n'avait pas la moindre faille, ni souvenir, ni regret, ni ailleurs. Il retenait tout l'amour qu'on lui donnait ; il n'en laissait rien se

---

18. *Ibid.,* p. 51.
19. *Ibid.,* p. 33.
20. *Ibid.,* p. 42.

*perdre. Son univers était de peu d'étendue, mais il
n'avait pas de limites, étant complet[21].*

Au terme du récit, l'enfant a grandi, il a passé ses quatre ans ;
Vadeboncœur nous le montre à l'aube de la révolte, lorsque son
innocence se pervertit, au moment de ce passage délicat vers
une subjectivité bien à lui, à partir de laquelle il pourra peut-
être, si tout fonctionne bien, devenir graduellement père. Alors
comme dans la Genèse, il chute. « Nous regardions les pre-
miers signes du lent progrès de cette chute, quasi impercepti-
bles, et qui par contraste rendaient plus émouvante l'évidence
de l'invisible qui l'éclairait encore[22] », reconnaît-il à la fin de
son récit. Le récit se termine sur ce qui s'offre comme une
ambiguïté, après que tout le complexe de l'identification verti-
cale ait été mis en place : le fils deviendra-t-il père, le saura-
t-il, le pourra-t-il ? Le récit idéalisant a posé des conditions
symboliques : seront-elles entendues ? Dans le contexte de la
revendication nationale auquel fait pendant ce récit mythique,
la réponse ne pouvait pas être donnée, mais seulement suggé-
rée ; sans doute fallait-il attendre l'indépendance, l'avènement
du pays réel, pour que la suite du récit du mythe des origines
soit envisageable. Cette suite, nous l'attendons encore. Depuis,
l'enfant, comme le Québec, est bloqué à l'œdipe.

Comme chez Dumont, la réflexion sur la perte du sacré et
sur le dédoublement culturel est imbriquée à un questionnement incessant sur le père, de sorte qu'elle débouche
logiquement sur un parti pris pour l'indépendance politique
afin que le « serviteur » se déprenne du « maître[23] ». Le récit
mythique témoigne d'une volonté nostalgique à laquelle l'absence de pays confine inconsciemment l'écrivain, et que, chez
Vadeboncœur, masque le récit de la relation du fils et du père.
Il y a dans ce récit, comme dans toute fable, quelque chose
d'excessif, mais qui ne rend que mieux compte de la quête
d'absolu dont le récit se soutient : il faut assurément que

21. Pierre VADEBONCŒUR, *Un amour libre,* Montréal, HMH, 1970, p. 18.
22. *Ibid.,* p. 94.
23. Métaphore que l'essayiste développe dans « Être des maîtres », *To be
or not to be,* Montréal, l'Hexagone, 1980.

l'époque ait sanctionné une rupture vigoureusement radicale
entre le père et le fils pour que l'essayiste prenne la peine
d'écrire ce récit, d'élaborer cette mystique de l'entente et de
l'innocence. Car c'est de cela aussi qu'il s'agit : de la création
d'un monde en marge de l'autre. Si le récit se maintient comme
fable jusqu'à revendiquer cette innocence de l'enfance, le
paradis d'une sorte d'univers rousseauiste où l'enfant ignore le
mal, c'est non seulement parce que le pays est inaccessible,
mais aussi parce qu'il y a comme une urgence à faire échec au
phénomène de la déspiritualisation dont Vadeboncœur fera état
quelques années plus tard dans « La dignité absolue ». Ou
disons les choses autrement : reformuler un contrat social sur
la reconnaissance du spirituel et de la loi autoriserait le passage
au pays[24].

---

24. Dans « L'humilité de Miron », le texte liminaire du dernier ouvrage
de Vadeboncœur, *L'humanité improvisée,* le poète de l'Hexagone incarne
cette image emblématique du père de l'indépendance. La grande force de la
poésie de Miron, pour Vadeboncœur, c'est qu'elle témoigne de « Quelque
chose » qui à la fois est au-delà même de sa poésie et la fonde. « L'une des
différences entre la civilisation d'aujourd'hui, postmoderne, et celle d'hier,
du moins dans les masses et en grande partie aussi chez les intellectuels, c'est
que la conscience qu'il y ait Quelque chose dont l'humanité témoigne
n'existe plus guère. Miron savait qu'il y a ce Quelque chose, lequel cautionne
sa poésie et, plus nécessaire que les images, est partout présent dans celle-
ci ». « La poésie parle de ce qui est absent, ou plutôt de ce qui est Absent. À
ce niveau-là de l'absence, il s'agit d'une Présence » (Pierre VADEBONCŒUR,
« L'humilité de Miron », *L'humanité improvisée,* Montréal, Bellarmin, 2000,
p. 9 et 15).

ÉCRIRE LA CULPABILITÉ

UN DESTIN D'ÉCRITURE

J'ai d'abord parlé d'histoire et de littérature parce qu'il ne pouvait en être autrement. Histoire et littérature : la question du père nous y ramènera toujours de force. Surtout dans une société qui cherche désespérément à se faire père. Une telle société, fatalement, ne peut être qu'histoire et littérature. Écrire, je le rappelle, c'est avant tout se situer comme fils vis-à-vis du réel et de l'histoire. Nul hasard donc si le roman naît au Québec au lendemain de la défaite des Patriotes ; faute de pays, il ne nous restait plus qu'à nous faire écrivain. « À défaut d'indépendance politique, il serait donc possible d'affirmer l'indépendance culturelle par la littérature et les arts[1] », note Maurice Lemire à propos de l'émergence de la littérature au moment de l'échec des Patriotes. Alors que l'on croyait devoir faire obstacle à la provocation de Lord Durham, selon laquelle le Québec était une nation sans histoire et sans littérature, nous allions tomber dans le piège et prouver, en écrivant, que nous ne pouvions être qu'une nation réduite à écrire son incapacité à faire l'histoire. À sa façon, Aquin dira la même chose : « N'a-t-on pas constaté que dans les pays colonisés se manifestait invariablement une surproduction littéraire ? À défaut de réalités, on surproduit des symboles[2] ». L'on est depuis presque

---

1. Maurice LEMIRE, « L'autonomisation de la littérature nationale », *loc. cit.*, p. 77.
2. Hubert AQUIN, « Profession : écrivain », *Point de fuite,* Montréal, Bibliothèque québécoise, 1995, p. 51. Ce que résume la formule : « ici on est écrivain faute d'être banquier » (« Écrivain, faute d'être banquier », *Point de fuite, ibid.,* p. 10). L'écriture est du côté de ceux qui n'ont pas le pouvoir ; on écrit pour revendiquer quelque chose, parce que si l'on était satisfait, si l'on avait le pouvoir, il ne serait pas nécessaire d'écrire.

deux cents ans condamné à écrire, à faire de l'histoire *dans* la littérature (en témoigne la vogue actuelle des romans historiques, comme si les choses n'avaient pas vraiment changé depuis *Les anciens Canadiens* et *Une de perdue, deux de trouvées*), voire à constituer vaillamment et bravement subventionnée une histoire de la littérature pour se convaincre de l'histoire du pays. Depuis l'échec des Patriotes, on écrit, on ne cesse d'écrire, de produire des textes, de remplir des dictionnaires d'œuvres littéraires ; mais on écrirait sans doute moins si l'on savait mieux vivre dans et par rapport à l'Histoire.

Mieux encore, l'ironie de notre histoire littéraire a fait en sorte d'inscrire le premier roman canadien-français sous la marque du fils ! Pourquoi, en effet, fallait-il que *L'influence d'un livre* fut de Philippe Aubert de Gaspé *fils* ? Ne dirait-on pas posé d'emblée le destin emblématique de la littérature québécoise, d'une littérature dont le livre sera sous l'influence du fils ? Il s'agit d'un roman qui parle sans doute d'Histoire malgré lui[3], et ce, à travers un rapport symbolique père et fils particulièrement éclairant sur notre destin littéraire et l'incapacité du Québec de passer au rang de père. Pour le héros du roman, Charles Amand, le véritable « trésor », c'est l'imaginaire des livres ; en revanche, pour Saint-Céran, qui est en posture de fils, le véritable trésor, c'est la fille d'Amand, Amélie. C'est pourquoi, ayant obtenu la main de la fille d'Amand, Saint-Céran peut remettre ses livres à son beau-père[4]. Il s'agit d'aimer ou de lire, et donc d'écrire (mais en 1837, nous ne sommes pas encore à la représentation de l'écrivain dans la fiction), comme si les deux étaient incompatibles. On remarquera encore que l'épouse de Charles Amand meurt peu de temps après le mariage de sa fille ; or, si la première fois où le

---

3. Voir l'analyse qu'en fait Heinz WEINMANN dans *Du Canada au Québec : généalogie d'une histoire, op. cit.*

4. Pour remercier son futur beau-père, Saint-Céran « le pri[e] d'accepter un petit présent de noces, ajoutant que connaissant sa soif de la science, il le priait de trouver bon que son don fût tout à fait littéraire. En conséquence il lui présenta le *Dictionnaire des merveilles de la nature* […]. Il y ajouta une vingtaine de manuels de différents arts et métiers » (Philippe AUBERT DE GASPÉ, fils, *L'influence d'un livre,* Montréal, Bibliothèque québécoise, 1995, p. 129-130).

narrateur nous parle de l'existence de cette femme, c'est pour nous annoncer qu'elle vient de mourir, c'est bien parce que dorénavant Amand, comme Faust, s'enfermera dans son cabinet d'étude avec les livres de Saint-Céran afin de se livrer à des « études alchimiques ». Comment pourrait-il garder auprès de lui celle qu'il a autrefois peut-être aimée comme Saint-Céran aime sa fille, s'il se consacre aux livres ? Mais cette épouse, du reste, était condamnée depuis le début du roman, depuis la découverte du *Petit Albert* (somme toute, elle était déjà comme morte). Bref, « l'influence » du livre, ce par quoi un livre peut marquer un destin, ce serait le renoncement à la femme, ou plus précisément l'expression la plus complexe de la difficulté de se faire père. Certes, Saint-Céran épouse Amélie, mais leur histoire serait l'objet d'un autre livre, et je ne suis pas sûr que cet autre livre, nous l'ayons encore écrit – peut-être parce que cela ne s'écrit pas au Québec. Est-ce pour cela que Gilles Marcotte, par exemple, considère que « [d]es romans d'amour adulte, d'amour accompli, il n'en existe évidemment pas dans la littérature québécoise[5] » ?

En un sens, le héros de *Première jeunesse* de Jean Larose ne fait qu'exprimer de façon savante le propos de Marcotte : « je m'étais persuadé que celui qui ne sait pas mourir avec ce qu'il tue ne saurait non plus être poète[6] ». D'une part mourir avec ce que l'on tue, car le parricide place le fils dans l'axe d'une nouvelle vie, d'une renaissance qui exige cependant un long apprentissage (comme autrefois les colons avaient essayé de refaire leur vie en se coupant de la métropole française) ; d'autre part devenir poète, car l'on écrit pour se faire père, pour atteindre à la reconnaissance de la paternité symbolique, rejouant inévitablement, dans un processus textuel métaphorique et métonymique, les conditions de l'interdit et du parricide. Cela est d'autant plus vrai au Québec, où l'extrême difficulté de la question paternelle renforce les conditions œdipiennes de l'écriture. Incidemment, si Gilles Marcotte considère Octave

5. Pierre POPOVIC, *Entretiens avec Gilles Marcotte. De la littérature avant toute chose,* Montréal, Liber, 1996, p. 134.
6. Jean LAROSE, *Première jeunesse, op. cit.,* p. 221.

Crémazie comme « le seul véritable écrivain du dix-neuvième siècle québécois », c'est « précisément parce qu'il n'a pas fait œuvre, parce qu'il n'a pas pu écrire à la hauteur de ses ambitions[7] ». Ainsi est-ce une fois de plus, comme le constatait Pierre Nepveu dans *L'écologie du réel,* par la mort que l'on accède à la naissance ; et Jean Larose, relevant la phrase de Marcotte au sujet de Crémazie, de préciser qu'il s'agit pour celui qui veut être écrivain de briser « le pacte de complicité perverse qu'il est si tentant de signer entre mère et fils, pour exclure le père, la maturité phallique, la loi, la réalité et la mort[8] ». De quelque façon que nous l'envisagions, nous y revenons immanquablement : la littérature québécoise ou de l'incapacité de passer au rang de père. Le lien du destin littéraire à celui du pays est patent.

L'on ne s'étonnera donc pas si le héros de *Première jeunesse,* celui qui doit tuer pour devenir poète, reprend la posture christique de Crémazie ou de Saint-Denys Garneau, sans oublier Nelligan[9], et conclut : « Il faudrait que je me décide à naître[10] ». « Naître », ce serait quitter sa première jeunesse pour la franche maturité de la paternité. Ce serait accéder au réel. « Je demeure en instance de séparation avec le réel. Incapable de m'y faire pour de bon, je dois le quitter pour le récupérer de la seule manière dont je puis : par le travail solitaire de l'écriture[11] », confiait Aquin. Il y a au Québec toute une tradi-

---

7. Gilles MARCOTTE, « Octave Crémazie, lecteur », *Littérature et circonstances, op. cit.,* p. 211.

8. Jean LAROSE, « De quelques vers en germe chez Octave Crémazie », *L'amour du pauvre,* Montréal, Boréal, 1991, p. 158.

9. Et la liste pourrait s'allonger, au moins jusqu'à Denis Vanier, qui a pris à la lettre la phrase du héros de Larose : autodestruction et marquage excessif du corps qui signalent un arrimage défectueux à l'ordre symbolique – symptômes que maintenait l'acte d'écriture. Incidemment, Vanier a rappelé à quelques reprises qu'il écrivait « pour ne pas tuer ». Mais se faisant, il se tuait lui-même.

10. Jean LAROSE, *Première jeunesse, op. cit.,* p. 299. Vingt ans plus tôt, Larose entrait en littérature par un essai sur Nelligan, dont l'incipit se lit comme suit : « Je ne suis d'ailleurs, personnellement, pas encore né » (*Le mythe de Nelligan,* Montréal, Quinze, 1981, p. 11).

11. Hubert AQUIN, *Journal. 1948-1971,* Montréal, Bibliothèque québécoise, 1992, p. 191.

tion de la représentation de l'écrivain raté, ou de l'écrivain qui réussit parce qu'il rate. Et si Jacques Ferron est notre plus grand écrivain, c'est peut-être parce qu'il est celui qui a le mieux *raté*. Se souvient-on du fameux incipit de Jean Marcel à son *Jacques Ferron malgré lui,* il y a plus de trente ans :

> *Grâce à Jacques Ferron le pays du Québec est désormais une terre aussi fabuleuse que l'Arabie. [...] Ces légendes sont autant de libérations provisoires. Il leur suffit pour l'instant de superposer au pays réel un pays légendaire, l'un poussant l'autre de l'avant. Et lorsque le second aura rejoint le premier, on peut supposer que l'œuvre aura joué son jeu ; la vie et le rêve réconciliés, le pays sera redevenu convenable*[12].

Depuis, l'on attend toujours cette coïncidence politique entre le pays imaginaire et le pays réel (qui fait écho à la coïncidence culturelle chez Dumont entre le monde du sens et le monde des formes concrètes de l'existence). Passer au rang de père, c'est-à-dire passer de « l'imaginaire au réel » ou contrecarrer l'« histoire de notre échec à entrer dans l'histoire[13] » – « notre histoire anonyme et désespérée comme la mort du père[14] », comme l'a dit magnifiquement Jacques Brault.

Faute de pays, il reste heureusement la littérature, de la grande littérature, celle qui est marquée du sceau de l'impossible, refuge sacré, domaine de *l'ineffable,* qui restitue à l'homme l'illusion de sa *dignité absolue.* Heureusement, mais faute de pays.

LA CULPABILITÉ

Dans ces conditions, ce que le destin historique du Québec nous apprendrait si les œuvres d'écrivains d'autres nationalités ne nous l'avaient déjà enseigné (car il n'y a pas qu'au Québec que l'on écrit pour se faire père, c'est la définition même de

---

12. Jean MARCEL, *Jacques Ferron malgré lui,* Montréal, Éditions du Jour, 1970, p. 13-14.
13. Pierre NEPVEU, *L'écologie du réel, op. cit.,* p. 23 et 16.
14. Jacques BRAULT, « Mémoire », *Mémoire, op. cit.,* p. 77.

toute entreprise d'écriture[15]), c'est que l'on écrit par culpabilité. Le poète écrit pour se faire père, espérant naître à lui-même après avoir *tué*. L'écrivain écrit par culpabilité, quoi qu'il puisse en dire, si bien qu'il ne serait peut-être pas si réducteur d'affirmer que l'une des principales marques distinctives d'une littérature tient en quelque sorte au mode sur lequel s'exprime la culpabilité qui lui est inhérente. Albert Camus, le pied noir, « l'étranger » en terre de France, qui s'y connaissait donc en complexe d'infériorisation, disait : « À mauvaise conscience, aveu nécessaire. L'œuvre est un aveu, il me faut témoigner[16] ». L'écriture comme témoignage de celui qui est appelé à la barre, qui va *avouer*. L'écriture est la posture du fils révolté (ou incapable de trouver une volonté de révolte malgré le désir qu'il en ait), de celui qui incarne la Conscience coupable, comme le dit Daniel Poliquin au sujet du héros de son roman *L'écureuil noir*[17]. C'est bien pourquoi Marthe Robert écrivait « que tout roman pourrait s'intituler *Crime et châtiment*[18] ». Et si, par exemple, Jean-Yves Tadié croit devoir consacrer une section de son *Roman au XXᵉ siècle* au « Sentiment de culpabilité », observant que le personnage de ce siècle est dominé par « un étrange sentiment qui contribue à le détruire[19] », c'est bien sûr parce que, à une époque marquée par la mort de Dieu, la chute des idéologies, le déclin des autorités, la culpabilité structure de part en part, plus que jamais, la trame narrative du roman occidental.

Freud a bien montré, dans le classique *Malaise dans la civilisation,* que le sentiment de culpabilité est « le problème capital du développement de la civilisation[20] ». Je rappelle que

---

15. La différence, c'est que la situation historique du Québec renforce ou dramatise singulièrement la contrainte de l'écriture.

16. Albert CAMUS, *Carnets (mai 1935-février 1942),* Paris, Gallimard, 1962, p. 16.

17. Voir François OUELLET, « *Se faire* Père. L'œuvre de Daniel Poliquin », dans Lucie HOTTE et François OUELLET (dir.), *La littérature franco-ontarienne : enjeux esthétiques,* Ottawa, Le Nordir, 1996, p. 91-116.

18. Marthe ROBERT, *Roman des origines et origines du roman,* Paris, Gallimard, coll. « Tel », 1985, p. 60.

19. Jean-Yves TADIÉ, *Le roman au XXᵉ siècle,* Paris, Belfond, 1990, p. 71.

20. Sigmund FREUD, *Malaise dans la civilisation, op. cit.,* p. 93.

la formation du sentiment de culpabilité ressortit à la dynamique œdipienne, qu'illustre sous forme de mythe le meurtre du père primitif : le conflit donne lieu à l'émergence de l'instance surmoïque, où l'autorité extérieure est intériorisée par le sujet et retournée contre soi. Le père est à la fois ce qui structure intérieurement le sujet et le signe qui le dépasse. Mais Lacan a insisté sur le fait suivant : le père qui, au lieu de se faire le représentant de la loi, s'identifie à la loi elle-même en s'en faisant le législateur, qu'il soit « de ceux qui font les lois ou qu'il se pose en pilier de la foi », a des « effets ravageants » chez l'enfant, car il maintient chez celui-ci un surmoi paralysant. Un tel père n'offre à l'enfant « que trop d'occasions d'être en posture de démérite, d'insuffisance, voire de fraude, et pour tout dire d'exclure le Nom-du-Père de sa position dans le signifiant[21] ». Parce que le Nom-du-Père défaille, c'est l'identification idéalisante qui est compromise. Ce père, c'est celui qui châtie les rebelles de 1837-1838 et les felquistes de 1970. La couronne britannique jadis, Pierre Elliott Trudeau naguère, ont été de ces pères imaginaires qui rendent problématique le rapport symbolique.

Ainsi, en raison de conditions historiques dont j'ai précédemment fait valoir la valeur signifiante, le Québec est exemplaire de l'imbrication pernicieuse du sentiment de culpabilité à la conscience. La culpabilité est ici d'ordre religieux et d'ordre politique. L'un ne va pas sans l'autre, puisque le religieux ne se pense pas indépendamment de son affiliation institutionnalisée au politique. Plus particulièrement, jusque dans la première moitié du XXe siècle, l'autorité cléricale se sera constituée *imaginairement* à partir d'une identification à l'autorité coloniale.

Dans le cas de la culpabilité religieuse, on pense évidemment à Saint-Denys Garneau, qui apparaît comme « un fondateur[22] » chez Pierre Nepveu et « comme le plus moderne de

---

21. Jacques LACAN, « D'une question préliminaire à tout traitement possible de la psychose », *Écrits, op. cit.,* p. 579.
22. Pierre NEPVEU, *L'écologie du réel, op. cit.,* p. 74.

nos auteurs[23] » chez Jean Larose, parce qu'il annonce la fonction fondamentalement discursive de la figure paternelle dans
la littérature (tout autant romanesque que poétique) à partir des
années 1950-1960. Jean Larose, dans sa conception du « mauvais pauvre » que lui inspire le journal de Saint-Denys Garneau, pose un regard critique sur le poète qui lie son destin à la
perte du sacré : « Car il avait perdu, irrémédiablement perdu
foi en la valeur du symbole. Toutefois, le pauvre garçon, il a
tenté de garder Dieu à l'abri de cette défection ; il a même
donné sa vie pour expier la désertion de Dieu. Prit-on jamais la
poésie plus au sérieux ?[24] ». Saint-Denys Garneau s'est fait
poète selon la logique impérative qu'exposait le héros de *Première jeunesse* : par l'écriture, il doit expier le parricide. Expier
jusqu'à en mourir, mais non pas symboliquement *avec ce qu'il
tue,* mais littéralement, par excès de culpabilité. Si Saint-Denys
Garneau prend le pari de la rédemption à la fin de son journal,
c'est par culpabilité ; l'absence du père (« la désertion de
Dieu ») s'est transformée en présence excessive de père contre
laquelle le poète reste écrasé, impuissant. Un père « impossible
à tuer, ne cessant de susciter la plus terrible culpabilité[25] »,
insiste pour sa part Pierre Nepveu. La fameuse phrase de Jean
Le Moyne, que j'ai précédemment citée, en disant le refus du
monde sur ordre du père, dit aussi l'excès de culpabilité du fils,
qui est l'effet criminel du refus. C'est là peut-être la véritable
« pauvreté ». Gilles Marcotte note à ce propos : « La culpabilité n'est pas qu'un sentiment exaspéré, imaginaire de la
faute ; elle est aussi, essentiellement, une pauvreté[26] ». L'une et
l'autre sont liées : la faute génère une culpabilité qui est vécue
comme une pauvreté spirituelle. Le pauvre, en ce sens, est celui
qui n'en finit plus de payer pour son acte symbolique, celui qui
cherche, vis-à-vis de sa faute, à se sauver lui-même « sur le

---

    23. Jean LAROSE, « Vers le mauvais pauvre », *L'amour du pauvre, op. cit.,*
p. 247.
    24. *Ibid.,* p. 245.
    25. Pierre NEPVEU, *L'écologie du réel, op. cit.,* p. 71.
    26. Pierre POPOVIC, *Entretiens avec Gilles Marcotte. De la littérature
avant toute chose, op. cit.,* p. 56.

plan de la rédemption possible par J.C.N.S.[27] ». Comme le dit Jean-Paul Desbiens, « [l]e chrétien n'est pas un homme qui aime Jésus-Christ ; c'est un homme qui croit que Jésus-Christ l'aime[28] ». Plus précisément il est un homme qui doit croire qu'il en est ainsi, faute de quoi il vit tant bien que mal en coupable ou... il écrit, peut-être jusqu'à en mourir.

À ce propos, le parcours de Jean-Paul Desbiens donne à voir clairement la même logique signifiante que l'attitude de Saint-Denys Garneau. Chez Desbiens, la révolte vis-à-vis de l'institution ecclésiastique paraît balancée par une culpabilité – qui ici aussi est expression de pauvreté – qui maintient le fils dans le giron de la foi. Dans *Sous le soleil de la pitié,* Desbiens raconte son enfance marquée par l'humiliation et l'insécurité, où le père suscite chez le fils un écrasant sentiment « de pitié et de honte tout à la fois[29] ». Desbiens rapporte en particulier l'anecdote suivante. Un jour qu'il s'était moqué de son père qui prononçait mal un mot, celui-ci quitta la table en silence. « Instantanément je compris mon crime[30] », dit Desbiens, qui jamais ne demanda pardon. Son père aurait dû le punir, insiste-t-il, mieux : « il aurait dû me tuer[31] ». La scène a été déterminante pour Desbiens, qui, aussi coupable que pouvait l'être à sa manière Saint-Denys Garneau, découvre à travers sa pauvreté, comme ce dernier, la « signification dans le Christ[32] », c'est-à-dire la situation du fils vis-à-vis d'un Dieu miséricordieux : « Mais je dis que le père se reconnaît à ceci qu'il demeure père même à l'égard du mauvais fils[33] ». À partir de cette anecdote déterminante de son enfance, Desbiens expérimente pour lui-même la formation du lien religieux tel que pouvait le formuler Freud : « Nous n'avons que nos pères de chair pour nous faire

---

27. Hector de SAINT-DENYS GARNEAU, *Journal,* Montréal, Beauchemin, 1964, p. 264.
28. Jean-Paul DESBIENS, *Sous le soleil de la pitié,* Montréal, Éditions du Jour, 1965, p. 84.
29. *Ibid.,* p. 28.
30. *Ibid.,* p. 36.
31. *Ibid.,* p. 36.
32. *Ibid.,* p. 120
33. *Ibid.,* p. 64.

une idée de notre Père des cieux[34] ». La vocation du fils coupable n'a pas d'autres sources. Notre « destin[35] » est ainsi déterminé par la nécessité dans laquelle nous sommes de redevenir innocents, de nous racheter en réhabilitant le père afin d'espérer le devenir nous-mêmes.

Le premier, avec Hubert Aquin, à avoir systématisé le processus selon lequel la conscience québécoise se structure en vertu de l'intériorisation insidieuse d'un sentiment de culpabilité d'ordre politique, c'est Jean Bouthillette, dont il faudrait relire attentivement *Le Canadien français et son double*. Le refus inconscient de l'histoire, de l'Anglais, analyse Bouthillette, a fini par faire en sorte que la Conquête intériorisée se désamorce de son objet et retourne contre soi la haine de l'autre : « Le refus de nous-mêmes exprime cette haine coupable de l'Anglais retournée contre nous-mêmes[36] ». Tout cela n'est que du ressentiment, diraient Angenot et consorts. Soit, dans ses effets apparents. Mais surtout, à la base de ces effets, une certaine structure, qui exprime très bien cet effondrement du fils devant le père que génère un surmoi démesuré parce que historiquement surdéterminé. Ce qui reste, c'est de la culpabilité écrasante, un certain « masochisme national[37] ».

Mais tout cela, dira-t-on, est de l'ancien temps, date de la période canadienne-française, comme les dernières plaintes d'un peuple économiquement et culturellement sous-développé, avant qu'il n'accède au niveau de performance et de compétitivité des grandes lignes. Et pourtant, cette analyse de l'intériorisation dommageable de la figure coupable de l'autre, intériorisation à partir de laquelle le sujet sabote systématiquement tout ce qu'il entreprend, non seulement Hubert

---

34. *Ibid.*, p. 37.
35. « Il faut punir les coupables. Je m'exécutai. Nous commençons tous par subir les circonstances, puis, à partir d'un certain point, difficile à localiser, mais qu'il faut poser dans l'enfance, nos événements se mettent à nous ressembler. Le *destin* ne nous attend pas comme un amoureux au coin d'un rue ; on court après » (*ibid.*, p. 117).
36. Jean BOUTHILLETTE, *Le Canadien français et son double,* Montréal, l'Hexagone, 1979, p. 71.
37. *Ibid.*, p. 82.

Aquin, Gaston Miron, Paul Chamberland dans ses textes à
Parti pris, mais plus récemment Fernand Dumont dans *Genèse
de la société québécoise,* Serge Cantin et bien d'autres, depuis
1960 à aujourd'hui, l'ont développée, réactualisée. Ne serait-ce
que fabulation ? « Sommes-nous guéris de ce mal ?[38] »,
demande Fernand Dumont en 1993. Il ne semble pas, moins
que jamais peut-être, malgré des réussites culturelles ou économiques éclatantes, mais qui ne sont que des leurres. Je le
répète, nous n'avons comme histoire que celle que nous
pouvons nous formuler à nous-mêmes eu égard à la façon dont
se structure le rapport au père et le discours signifiant. Aussi y
a-t-il une sagesse certaine dans les propos suivants de Jocelyn
Maclure, qui pourrait faire pâlir bien des détracteurs du nationalisme dit nostalgique ou revanchard :

> *que l'aliénation décrite par les intellectuels nationa-
> listes ait été réelle, imaginée ou projetée, cela ne
> change rien au fait qu'elle fut ressentie, éprouvée. Il ne
> faut donc pas penser que l'on peut effacer d'un trait et
> remiser définitivement ce discours en proclamant
> péremptoirement sa non-représentativité[39].*

En fait, il n'y aurait vraisemblablement pas d'autres façons
d'« effacer » ou de « remiser » cette conscience malheureuse
que par une déclaration d'indépendance politique sans équivoque, ce sur quoi je reviendrai en conclusion. Car autrement,
nous n'en sortirons jamais.

En effet, les choses n'ont pas changé, la structure se
maintient, voire se renforce actuellement : les deux défaites
référendaires ont eu exactement pour effet de renforcer dans la
vie collective le mécanisme de la conscience coupable

---

38. « Sans doute nous étions-nous approprié le regard que le conquérant
jetait sur nous et qui oscillait entre la pitié pour nos retards et
l'attendrissement pour nos allures folkloriques. […] Le sentiment de
l'infériorité étant l'une de nos marques distinctives, nous l'avions entretenu
avec soin, comme une des façons de pratiquer la survivance. Sommes-nous
guéris de ce mal ? » (Fernand DUMONT, cité par Jocelyn MACLURE, *Récits
identitaires. Le Québec à l'épreuve du pluralisme, op. cit.,* p. 72).

39. Jocelyn MACLURE, *Récits identitaires. Le Québec à l'épreuve du
pluralisme, op. cit.,* p. 104.

canadienne-française, qui nous fait collectivement nous refuser à nous-mêmes la prise en charge de notre destin. À un point tel qu'un Jean-François Lisée, conseiller spécial de Jacques Parizeau et de Lucien Bouchard, démissionnait de ses fonctions afin, précisément, d'inventer une « sortie de secours » pour tenter de « [s]ortir [le Québec] d'une dynamique de l'échec où les Québécois se disent Non et encouragent les autres à leur dire non[40] ». Cette sortie de secours s'offre aux Québécois, peut-être, comme « une catharsis, une façon de vaincre leur propre crainte de l'échec[41] ».

On peut ne pas être d'accord avec les solutions proposées par Lisée, dans *Sortie de secours,* pour sortir le nationalisme de l'impasse dans laquelle il semble se trouver en ce moment. Mais cet ouvrage, indéniablement, fait bien ressortir, à sa façon, c'est-à-dire au moyen d'une analyse serrée et précise des faits politiques contemporains, le rapport de force entre le fils québécois et le père canadien, et le mécanisme psychologique qui le sous-tend. D'une part, les réussites culturelles et économiques du Québec moderne, d'autre part, ses échecs. L'élan et le déclin, dit Lisée. Entre l'un et l'autre, le contraste est frappant, trop même, il est suspect. Lisée montre très bien comment le gouvernement fédéral a systématiquement enfreint les règles démocratiques depuis belle lurette afin de cantonner le Québec dans un repli défensif qui ne cesse d'activer ce complexe de culpabilité, qui en bout de ligne s'avère toujours le levier le plus efficace des fédéraux[42]. Mieux encore : à coups d'études, de statistiques, de sondages, Lisée montre que les Québécois reconnaissent le bien-fondé des droits du Québec et les infractions commises à répétition, vis-à-vis des règles démocratiques, par le gouvernement fédéral. Lisée a raison, à la lumière de ces faits, de conclure que

---

40. Jean-François Lisée, *Sortie de secours, op. cit.,* p. 12.
41. *Ibid.,* p. 409.
42. Précisons : le jeu se joue à deux. Si le gouvernement fédéral « enfreint » des règles, c'est que le Québec, par son incommode posture de fils, lui en donne l'occasion.

> *le paradoxe politique québécois de l'an 2000 réside*
> *dans la profonde déconnexion entre un projet plus*
> *légitime, plus raisonné, plus ouvert, plus réaliste et*
> *plus nécessaire que jamais, et la majorité de la popu-*
> *lation québécoise. Je dis « le paradoxe ». Je devrais*
> *dire « le drame »*[43].

Ou plus précisément, depuis Aquin, « le psychodrame ». Rien n'y fait, l'indépendance semble irréalisable.

Ce psychodrame est l'expression d'un traumatisme qui explique l'incapacité foncière du Québec à faire l'indépendance. Le raisonnement de Lisée, par lequel il retrouve la logique de Bouthillette, est ici limpide :

> *Il ne s'agit pas de la peur des impacts économiques de*
> *la souveraineté – elle a diminué avec les années. Il ne*
> *s'agit pas de la peur des négociations difficiles avec le*
> *Canada – c'est un tracas parmi d'autres. Il s'agit ici*
> *d'une peur différente, à la fois moins tangible mais plus*
> *paralysante : la peur de se dire non à soi-même, la*
> *peur de faire la preuve que nous sommes des* loosers[44].

« La peur de l'échec corrompt le lien logique qui devrait se faire entre la lecture, lucide, de la situation politique que fait l'opinion et les conclusions qu'elle en tire[45] ». Dès lors, « [r]etirer cette peur de l'équation, c'est modifier l'opinion du tout au tout. C'est la clé[46] ». Certes, mais cela ne va pas de soi, c'est le moins qu'on puisse dire, dans un pays qui à son insu carbure à la peur depuis un siècle et demi. Car pendant que le Québec rejette l'idée de « la souveraineté par peur de ne pouvoir la réaliser », le Canada se sent toujours mieux autorisé à agir contre les intérêts du Québec ; ce qui a pour effet d'augmenter les difficultés liées au projet national, et par conséquent de consolider la peur. Tout un cercle vicieux. « Maintenant que le gouvernement canadien a obtenu le contrôle effectif de la

---

43. Jean-François Lisée, *Sortie de secours, op. cit.*, p. 252.
44. *Ibid.*, p. 369.
45. *Ibid.*, p. 373.
46. *Ibid.*, p. 369.

situation, les Québécois deviennent l'exception systémique. Ils sont placés en état de défensive permanente. Épuisante. Et, compte tenu de la culture judéo-chrétienne des Québécois, culpabilisante[47] ». En fait, cette culpabilité judéo-chrétienne découle de la position que le fils canadien-français avait adoptée vis-à-vis du clergé au XIXe siècle, et qui aboutit à Saint-Denys Garneau. « Condition nationale et condition spirituelle ont donc des structures identiques[48] », observait Bouthillette. « Non seulement notre culpabilité nationale est-elle inconsciente, mais elle se dissimule derrière une culpabilité religieuse qui la masque en se substituant à elle[49] ». Sur ce plan, l'essayiste a parfaitement raison ; du moins en fut-il longtemps ainsi : j'ai indiqué plus tôt comment l'Église s'était à un moment donné de notre histoire imposée comme figure paternelle en même temps qu'elle s'alliait, puis s'opposait, à l'autorité anglophone, s'interposant dans ce dernier cas non plus contre l'Anglais, mais contre le protestant, de telle sorte que le catholicisme salvateur, ce catholicisme de la survivance, venait insidieusement décupler la « culpabilité nationale ». C'est à partir de là, comme le note bien Bouthillette, que le Régime français – ce régime envers lequel les Patriotes n'avaient, on le sait, aucune nostalgie –, « revu et corrigé, est devenu le paradis perdu de notre innocence originelle[50] ». Mais d'un paradis l'on est toujours chassé, et dans la chute, l'on se meut en coupable.

Si la culpabilité judéo-chrétienne peut faire sourire et sembler être chose du passé, il n'en reste pas moins cette structure qu'analysait autrefois Bouthillette et le groupe de Parti Pris à partir de la psychologie du colonisé et que Lisée redécouvre dans l'évolution politique du Québec moderne (structure qui se répercute dans le roman postmoderne) ; enlevons l'épithète « judéo-chrétienne » ou « canadienne-française » si l'on veut, mais sur le fond la question ne change pas.

---

47. *Ibid.*, p. 153.
48. Jean Bouthillette, *Le Canadien français et son double, op. cit.*, p. 73.
49. *Ibid.*, p. 74.
50. *Ibid.*, p. 77.

Phénomène nouveau, c'est encore cette structure perverse qu'on retrouve dans le rapport du Québec aux immigrants ; rapport d'autant plus accablant qu'il est alimenté par le discours de la rectitude politique, qui marche si bien au Québec en raison justement de ce complexe de culpabilité. L'effet pervers du discours de la rectitude, c'est qu'il pose un interdit (qui n'est pas celui de la loi, mais sa dérision) qui fait croire à l'illégitimité du projet national ; la pensée est si bien neutralisée par les forces marchandes, aplanie par le discours mondialisant, qu'on en vient non seulement à perdre de vue le bien-fondé des revendications nationales, mais à adapter ses propres conditions historiques aux exigences du contexte anglophone ou immigrant. Serge Cantin argumentait :

> *Mais depuis quand une réflexion sur la société québécoise qui privilégie la mémoire historique de la collectivité francophone passe-t-elle pour de l'ethnicisme ? Depuis quelques années déjà. Depuis que nos clercs universitaires ont adopté, sous prétexte d'ouverture aux autres, le point de vue des autres sur nous-mêmes, tout en cherchant à nous faire croire et à se convaincre eux-mêmes, à grand renfort d'arguties, que ces autres sont avec nous, alors qu'ils ne le sont le plus souvent, en vérité, que pour autant que les Québécois francophones renoncent à devenir eux-mêmes*[51].

La logique lucide de Cantin n'est qu'une nouvelle variante – mondialisante – du processus d'aliénation que décrivait Bouthillette. Soit. Sauf que ce ne sont pas les autres qui nous demandent de renoncer à nous-mêmes, mais nous-mêmes qui sommes incapables, en vertu de cette dynamique aliénante, d'imposer aux autres une véritable structure d'intégration sociale. Quelle place peut être celle des autres dans la structure sociale d'un peuple qui est en perpétuelle quête d'identité et qui est incapable de se doter d'un pays ? Bien sûr qu'il y a des immigrants, et Serge Cantin, comme moi-même, j'en suis sûr,

---

51. Serge CANTIN, « Cinq ans de Bouchardisme », *Le Devoir,* 20-21 janvier 2001, p. A13.

ne demande pas mieux que de les accueillir ; mais bon sang, dans n'importe quelle société qui se tient, qui est *naturellement* passée au rang de père, l'on ferait en sorte d'intégrer les immigrants sans concession plutôt que de se placer de leur point de vue pour refaire l'histoire. Heinz Weinmann a malheureusement tout à fait raison lorsqu'il écrit : « On a dit que les Québécois étaient racistes. Oui, ils le sont, de la façon la plus radicale. Non tant à l'égard des autres mais de leur propre race : francophobes, en fait[52] ».

De cette structure aliénante, en sortira-t-on jamais ? L'histoire nous a laissé « des problèmes qui n'ont pas encore reçu de solutions, des réflexes qui ressemblent à des répétitions[53] », disait Fernand Dumont. La compulsion de répétition, vous connaissez ? *You bet !*

L'EXCEPTION VICTIMAIRE

Tuer le père, j'y insiste, ne veut pas dire le détester et cultiver des désirs de meurtres, ou à tout le moins ne doit pas dire que cela ; mais être capable de dépasser sa haine, de convertir sa mauvaise conscience en puissance et de vivre par-delà le meurtre. Être un fils qui essaie de devenir père ; aborder l'autre versant – constructif – de la culpabilité. Or, que reste-t-il alors à celui qui est incapable de « retourner » sa culpabilité et de passer au rang de père, ou à un peuple qui, ayant essuyé nombre d'échecs politiques, reste impuissant à accéder à la figure collective de la paternité ? Le risque de la complaisance chronique. Au lieu de chercher à devenir père, se complaire dans la posture du fils. Il s'agit d'un repli sur soi auquel invite le sentiment de culpabilité et qui exacerbe la souffrance morale, qui favorise l'autopunition et le sentiment d'exclusion ; auquel cas, faute de pouvoir se distinguer de manière exceptionnellement positive, le fils a la satisfaction morbide d'échouer de manière exceptionnelle.

---

52. Heinz WEINMANN, *Du Canada au Québec : généalogie d'une histoire, op. cit.,* p. 315.
53. Fernand DUMONT, *Genèse de la société québécoise, op. cit.,* p. 332.

Mais les choses sont à la longue devenues plus complexes, car c'est maintenant la structure symbolique qui fait défaut, qui est discréditée, qui est elle-même ni plus ni moins frappée d'interdit. Progressivement, les droits et libertés des hommes se sont juridiquement substitués à l'immanence structurale et symbolique de l'autorité paternelle. Dans le contexte postmoderne, la foi dans le père, qui est ce qui fonde le lien social, ce qui maintient la cohésion sociale, n'opère plus. De la sorte, la structure symbolique se renverse : sans croyance, le lien social et les frontières de la communauté se défont (d'où la revendication exaltée du métissage culturel), le sentiment de culpabilité s'effrite et entraîne la perte de la conscience morale (d'où un système juridique moins punitif que jamais, volontiers clément envers les criminels). L'on arrive à ce paradoxe d'une culpabilité qui s'ignore coupable. Camus fait dire au narrateur de *La chute* ce mot profond : « Quand nous serons tous coupables, ce sera la démocratie[54] ». Sauf qu'à ce point de non-retour, de cette fin de l'histoire du patriarcat, tout se vaut, tout s'équivaut, et la culpabilité est aussi une innocence, le coupable est surtout victime, ou disons que l'un n'a plus guère de sens que l'autre. Reste une posture coupée de sa raison coupable, une sorte d'idéologie plaintive.

On dit souvent que Nietzsche a annoncé la mort de Dieu. À vrai dire, Nietzsche a annoncé que l'homme ne pourrait pas survivre à cette perte, et que dorénavant il lui serait incapable de devenir un grand homme, de se faire père, qu'il n'aurait d'autres choix que de se replier sur sa blessure narcissique et de s'en plaindre, jusqu'à ce qu'il atteigne non pas l'âge d'homme, mais l'âge du dernier des hommes. Le postmoderne est moins l'héritier de Moïse que l'enfant de Nietzsche, c'est-à-dire une victime désespérée mais consentante, donc une posture complaisante.

Outre qu'il y a là une attitude qui ressortit à la postmodernité occidentale, le Québec s'y reconnaît d'emblée en raison de son incapacité historique à passer au rang de père. C'est

---

54. Albert Camus, *La chute,* Paris, Gallimard, coll. « Folio », 1981, p. 142.

comme si, au Québec, nous n'avions jamais été autre chose que des fils victimes. Coupables, mais toujours de plus en plus victimes, jusqu'à s'enfoncer dans l'exaltation d'une posture victimaire complètement déstructurante. Ainsi favorise-t-on la mise en place de structures légales qui, plutôt que de jouer leur rôle de censeur, encouragent la déresponsabilisation civique et la posture victimaire. Au lieu d'avoir un système qui suscite la formation de grands hommes, de ceux qui aspirent à la paternité fondatrice de projets communs, nous produisons des individualistes pour qui la seule distinction ou grandeur possibles est de poser en victime (devant les médias, c'est encore mieux). Jacques Grand'Maison[55] déplorait l'incapacité contemporaine de jugement et de réflexion éthique, qui fait qu'à la moindre difficulté à résoudre une situation conflictuelle l'on recourt aux tribunaux. L'individu contemporain est un être sans doute irresponsable, mais plus encore déresponsable, qui déporte sur la structure juridique la nécessité éthique. D'où les innombrables poursuites judiciaires au moindre prétexte, qui dans le meilleur des cas est l'affolement symptomatique d'une tentative de réparer la perte d'un être cher, comme si la mort pouvait être rachetée, comme si en somme elle était monnayable et qu'il n'y avait que l'achat qui permette le rachat. Le pire, c'est que cela fonctionne, évidemment, puisque le juge tranche au nom d'un simulacre de loi. Encore cette semaine, au moment où j'écris ces lignes, une famille en Estrie intente une poursuite d'un million de dollars contre le distributeur Vendo Companies, Embouteillage Coca-Cola, l'exploitant Beaver Foods limité et l'Université Bishop, parce que leur fils de vingt et un an, au terme d'une soirée bien arrosée, est décédé après avoir renversé sur lui une machine distributrice, qu'il secouait pour en soutirer gratuitement une canette[56]. Qu'il y ait là possibilité de poursuite est renversant, c'est le cas de le dire (et ce n'est qu'un exemple parmi des dizaines annuellement) ; comme si, au-delà

---

55. Jacques GRAND'MAISON, *Quand le jugement fout le camp. Essai sur la déculturation,* Montréal, Fides, 1999.
56. Sévérine DEFOUNI, « Poursuite d'un million », *Le Devoir,* 10 juillet 2001, p. A3.

d'un épisode malheureux, l'étudiant de vingt et un ans n'était pas responsable de ses bêtises et en mesure d'en assumer les conséquences. Jean Dion a parodié merveilleusement l'état des choses :

> *Un jour pas si lointain, vous verrez, un accidenté poursuivra un fabricant d'automobiles sous prétexte qu'une voiture mise entre les mains d'un cinglé en état d'ébriété représente un danger. Le cinglé, lui, poursuivra le bar qui l'a laissé se mettre dans un état pareil. Le propriétaire du bar poursuivra la brasserie qui lui vend la bière. La brasserie poursuivra le gouvernement qui a accordé un permis de conduire au cinglé. Et le gouvernement poursuivra les contribuables qui ne paient pas suffisamment de taxes pour lui permettre de mieux surveiller les cinglés. Dans un épisode de la série télévisée* Ally McBeal, *un jeune garçon atteint de leucémie décide de poursuivre Dieu pour ce coup bas. On n'en est pas loin*[57].

Dion ne pensait pas si bien dire : un entrefilet d'Associated Press paru la semaine suivante informait qu'un juge venait « de rejeter la poursuite qu'avait intentée un Américain de la Pennsylvanie contre Dieu lui-même[58] ». Bref, s'il y a une chose qui fasse loi aujourd'hui, c'est la déresponsabilisation personnelle de chacun. On choisit la posture de la victime, c'est plus facile, et certainement plus payant. Nous sommes tous des orphelins de Duplessis.

Que certains blâment le nationalisme québécois parce qu'il adopte parfois une attitude victimaire, cela se conçoit ; mais peuvent-ils, ceux-là même qui s'en plaignent, comprendre que la posture victimaire, comme envers même de la posture responsable, non seulement signe la faillite de la métaphore paternelle, mais pervertit la nécessité structurelle des liens sociaux ? On peut condamner les effets de cette perversion ; mais si préalablement on cherchait à en comprendre le

---

57. Jean DION, « Zéro faute », *Le Devoir,* 18 mars 1999, p. B1.
58. « Un juge rejette une poursuite contre Dieu », *Le Soleil,* 26 mars 1999.

fonctionnement, on serait vraisemblablement moins porté à condamner les effets qu'à faire en sorte de contrecarrer les dits effets dans l'espoir d'en sortir.

La littérature n'est pas en reste. Dans sa façon de construire la posture victimaire, la littérature réintègre la dimension religieuse qui est inhérente à la formation et à l'héritage de ladite posture. La posture victimaire, qui découle de l'éclipse du père, ne peut en effet se projeter, dans l'imaginaire des formes du savoir littéraire, que par le biais de la référence religieuse. Puisque le père fonde le lien religieux, le fils qui se « déprend » du père, par impuissance autant que par révolte, va conséquemment recouvrir une posture proportionnellement religieuse, mais à l'envers, à la négative (dans les deux sens du mot négatif). C'est la posture religieuse du « bouc-émissaire », analysée par René Girard.

La littérature québécoise est pleine de cette posture religieuse de l'exception négative, qui se donne à lire principalement à partir de la figure christique[59]. Ce que Marcel Rioux disait du Menaud de Félix-Antoine Savard, à savoir qu'il « sacralise la dépossession de lui-même[60] », on pourrait le dire du Désiré de Chamberland (*L'inavouable*), qui se sacrifie pour la « cause », ou du héros de *Cowboy* de Louis Hamelin, qui s'offre comme une sorte de rédempteur qui assume le crime du père symbolique : « Je suis devenu le rédempteur d'une trinité assassine[61] ». C'est une isotopie dominante autant dans le roman que dans la poésie (Miron, Langevin, Vanier, etc.), et que les textes infléchissent de telle sorte que cette isotopie témoigne d'une littérature qui semble ne pouvoir s'écrire que du point de vue du fils. Surtout aujourd'hui.

Si la nouvelle littérature, cette génération d'écrivains nés autour de 1960, témoigne probablement mieux que jamais de la posture christique du fils (on lira principalement Gaétan

---

59. Sur le plan de l'histoire sociale, le mythe de la survivance construit par l'élite cléricale au XIXe siècle aura probablement été la forme d'expression religieuse de l'exception négative la plus forte de notre imaginaire.

60. Marcel RIOUX, cité par Maurice ARGUIN, dans *Le roman québécois de 1944 à 1965,* Montréal, l'Hexagone, 1989, p. 26.

61. Louis HAMELIN, *Cowboy,* Montréal, XYZ éditeur, 1992, p. 413.

Soucy, cela se passe de commentaires), je choisirai, parmi tant d'autres, un exemple qu'on attend moins, mais qui montre bien comment l'imaginaire interpelle sur un même plan la référence biblique et la métaphore paternelle : *Parlons de moi* (1970) de Gilles Archambault. Ce roman est par ailleurs tout à fait représentatif de la façon dont la question du père obsède l'œuvre du romancier depuis une quarantaine d'années. Le roman raconte la faillite du mariage entre le narrateur et Madeleine. Cet échec est l'occasion pour le narrateur de revenir sur le sens de ce qu'a été sa vie jusqu'à présent. Il a un seul enfant, Christian, mais ce fils est celui d'un autre, Tommy, « un homme qui se conduit avec autorité dans la vie[62] ». Au terme de l'échec du mariage, Madeleine ira vivre avec Tommy, auprès de qui Christian travaillera comme aide-comptable. Toute sa vie, le héros a reconnu la supériorité de Tommy sur lui, ou plus précisément ressenti un sentiment de culpabilité qui l'a toujours amené à acquiescer, par expiation ou par misérabilisme, à cette supériorité.

Or, s'il en est ainsi, s'il est incapable de se faire père (le symptôme en est le départ du fils), de devenir un homme (la perte de la femme), c'est parce que plus forte était la posture de fils qui le définissait inconsciemment par rapport à l'image de son propre père, et qui, par conséquent, maintenait en lui un sentiment de culpabilité qui devait le conduire fatalement à échouer tout ce qu'il entreprendrait pour s'élever dans la société (à travers les diverses représentations de l'autorité : c'est ainsi, par exemple, qu'il sera mis à la porte de son poste d'instituteur). Cette posture de fils présente le héros comme un « petit iconoclaste, qui avai[t] quitté le toit paternel à seize ans, occasionnant par le fait même une rechute cardiaque à [s]on père, qui mourut deux semaines plus tard[63] ». Nul besoin ici d'insister sur la correspondance entre la révolte du fils et la mort du père. La compréhension des enjeux du savoir que postule le texte romanesque se saisit inévitablement au-delà de la

---

62. Gilles A RCHAMBAULT, *Parlons de moi,* Montréal, Boréal, coll. « Boréal compact », 1997, p. 20.

63. *Ibid.,* p. 33.

trame événementielle, elle s'inscrit dans l'ordre symbolique de la chaîne signifiante. L'expression du parricide ne peut pas être plus claire ici. Comme ne peut être plus claire, en raison de l'échec du narrateur, l'incapacité dans laquelle il aura été toute sa vie de surmonter la culpabilité occasionnée par le parricide. Le destin du narrateur vis-à-vis de la figure paternelle symbolique de Tommy se trouve déterminé par la révolte antérieure à laquelle il s'arrime. Dans de telles conditions, le véritable destin du héros est d'échouer, d'être un coupable qui s'ignore à moitié et une victime qui se comprend encore moins : « Pourquoi suis-je toujours victime de cet homme ? Il m'a légué l'éducation de son fils, il m'a soufflé ma femme, il m'humilie de ses cadeaux[64] ». Notons la liaison ici : « cet homme », qui nomme celui dont il est question : Tommy. Tommy est ce*t homme* que le narrateur ne sera jamais. Fils anti-héros qui ne trouvera jamais sa place dans la société, et dont fatalement « [l]a principale activité consiste à [s]e détruire progressivement[65] », ce personnage paraît condamné à devoir « préfére[r] les attitudes de Christ[66] ».

Par cette préférence s'éclaire le sens de sa vie, qui en outre risque de se répercuter sur le sens de la vie du fils : *Christ*ian ne porte-t-il pas le signifiant qui, si nous en appelons au père, au père de tel fils, le condamne lui aussi ? Le roman ne livre pas la suite : si Christian trahit son père auprès de Tommy (amorce de révolte), rien ne nous dit encore s'il parviendra à se faire père auprès de celui qui semble digne d'incarner cette figure. Le roman s'interrompt en prenant acte d'une limite à partir de laquelle un destin se construit : le fils répétera-t-il le père ou non ? Faute de mieux, il y a cette réponse, qu'on pourra peut-être juger suffisante : les romans ultérieurs de Gilles Archambault répètent le dilemme.

Le roman d'Archambault permet aussi de préciser un aspect essentiel du conflit qui oppose le fils au père, sur lequel je n'ai pas eu l'occasion d'insister : tandis que l'identification

---

64. *Ibid.*, p. 152.
65. *Ibid.*, p. 114.
66. *Ibid.*, p. 158.

au père par-delà le meurtre est le gage d'une intégration sociale, l'impasse de la révolte du fils amène celui-ci à évoluer en marges des lois sociales (marginalisation identitaire, sociale, professionnelle), à errer et à fuir. L'errance et la fuite apparaissent comme les postures privilégiées du fils impuissant. Ainsi, dans *Parlons de moi,* on voit le narrateur « [c]herchant à se dissimuler ses obligations, à se tapir dans les profondeurs du Nord-Ouest québécois[67] », retrouvant en somme les conditions des fils nomades de l'imaginaire canadien-français. Si l'on observe actuellement, dans la littérature québécoise, un retour au mythe du Nord (mais l'avions-nous vraiment abandonné ?), « devenu le lieu-refuge de nombreux romans québécois des dernières années[68] », comme le remarquait Michel Biron, c'est directement en raison de l'impasse qu'approfondit l'échec de la métaphore paternelle depuis la défaite référendaire de 1980. Déserteurs étaient ces fils du roman de la terre, qui, tel Ephrem Moisan (*Trente arpents*), refusaient de cultiver la terre paternelle ; aujourd'hui, les fils désertent la ville pour « retrouver le nord », comme dans *La vie provisoire* (1995) d'André Major, roman dans lequel tous les pères représentés font défaut, font défection, où le héros lui-même quitte Montréal pour essayer de refaire sa vie dans les Laurentides. Le Nord, écrivait récemment Gilles Marcotte, « c'est aussi la raison, l'unité, une certaine vérité première. Perdre le nord, on sait ce que cela veut dire…[69] ». Comme « vérité première », le Nord tient aussi lieu de cet espace mythique des origines qu'on trouve chez Dumont ou chez Hamelin ; et en fait, le Nord – nostalgie quand tu nous tiens – nous ne l'avons jamais tout à fait perdu parce que nous ne l'avons jamais vraiment tout à fait trouvé. Le père trouve, mais le fils cherche ; il piétine, il pratique le paradoxe de la « fuite immobile », selon le titre d'un autre roman de Gilles Archambault. Et cela est pénible, cela fait mal. Nous sommes bel et bien, comme le disait Jacques Brault, « les croisés criards

---

67. *Ibid.*, p. 123.
68. Michel Biron, « Du nord au sud », *Voix et images,* vol. XVIII, n° 3, printemps 1993, p. 611.
69. Gilles Marcotte, « Expatriés et "impatriés" », *Le Devoir,* 29-30 janvier 2000, p. D2.

116   *Passer au rang de Père*

du Nord[70] », phrase qu'incidemment André Brochu mettait en épigraphe à son roman *La croix du Nord* (1991).

LE CINÉMA DE ROBERT LEPAGE

Je voudrais clore cette section en abordant le cinéma de Robert Lepage, qui me paraît emblématique d'un certain parcours socioculturel de la question du père depuis la Révolution tranquille.

Le père, la culpabilité, le religieux, tels sont encore les principaux éléments sur lesquels repose l'entrée dans le monde du cinéma du célèbre dramaturge. On sait que Lepage est venu au cinéma par un film, *Le confessionnal* (réalisé en 1995), inspiré de *I Confess* d'Alfred Hitchcock. Deux films, ce qui se traduit, dans *Le confessionnal,* par la mise en scène d'une intrigue qui court sur deux époques : 1989 et 1952, date à laquelle Hitchcock tournait *I Confess* dans les rues du Vieux-Québec. Deux frères aussi : Pierre et Marc, nés de même père mais de mères différentes. Toutefois, Marc ignore qui est son père (son père l'a élevé comme un fils adopté), ignorance que Pierre partage. Par ailleurs, Marc n'a pas davantage connu sa mère, qui, écrasée par son sentiment de culpabilité et par la difficulté dans laquelle elle était de dévoiler à son fils le nom du père (le père de son enfant illégitime était le mari de sa sœur), s'est suicidée peu de temps après avoir accouché. Cette situation dramatique se passe durant le tournage du film de Hitchcock.

Le film s'ouvre sur le retour de Pierre à Québec, en 1989, venu pour les funérailles de son père. Au commencement est le père mort ; la quête du fils pourra enfin commencer.

Marc, fils illégitime, homosexuel et dépressif, est entretenu par un riche politicien, qui autrefois, en 1952, à titre de curé, avait reçu la confession de la mère de Marc. Comme cette mère allait souvent à confesse et qu'elle était par ailleurs harcelée par le bedeau, les soupçons du spectateur sur l'identité du père de Marc pèseront tout au long du film à la fois sur le curé et sur le bedeau. À la fin du film, Marc se suicide ; il

---

70. Jacques BRAULT, *Mémoire, op. cit.,* p. 50.

n'aura jamais appris l'identité de son père. Il laisse un enfant qu'il avait eu avec une prostituée et dont il ne s'occupait pas.

Au-delà de la quête d'identité de Marc, c'est Pierre qui fait les plus grandes découvertes. Ayant pris à cœur la quête de son frère, Pierre parvient à connaître l'identité du père de son frère, apprenant du coup la vérité sur son propre père. À la fin, Pierre paraît déterminé à s'occuper de l'enfant, à élever le fils de son frère, rachetant ainsi le refus de son père, autrefois, d'élever l'enfant de la sœur de sa femme. En rééquilibrant la situation, Pierre lui-même trouve enfin un sens à sa vie. La dernière scène nous montre l'enfant avec Pierre, celui-ci ayant monté l'enfant sur ses épaules (le buste du futur grand homme sur son piédestal) et commençant de traverser le pont de Québec en marchant en équilibre, un pied devant l'autre, sur un espace étroit. Cette traversée périlleuse, qui symbolise l'équilibre auquel Pierre est sur le point de parvenir dans sa vie, relie ainsi deux mondes, le fils et le père, le passé et l'avenir, rappelant peut-être que la fondation du présent se construit pas à pas, pierre par pierre (« Tu es Pierre, et sur cette pierre je bâtirai mon Église[71] »).

La pierre comme fondation du Nom-du-Père, du présent, du réel ; le pont comme structure signifiante de ce réel. Et si, dans l'imaginaire québécois, *l'autre scène,* celle sur laquelle se joue les débats inconscients, était un pont, était cette structure du pont suspendu au-dessus du fleuve et de la terre ?

La différence essentielle entre *Le confessionnal* et *I Confess,* c'est que Lepage substitue à la question de l'identité du père celle de l'identité du meurtrier. La question, en 1989, n'est plus de savoir qui a tué, mais d'une part de savoir *comment* être père (le père vis-à-vis de Marc, celui-ci dans sa relation à son enfant, Pierre face à son neveu), entendu que cette question résulte d'un « ne pas savoir comment » être père qui colore le film jusqu'à la fin, d'autre part de savoir *qui* est le père. Et ces questions provoquent la mort, elles provoquent un double suicide (la mère qui ne peut nommer le père de son enfant, et l'enfant qui est sans père) au lieu de meurtres (le

---

71. Matthieu, 16, 18.

bedeau chez Hitchcock va tuer trois autres personnes en tentant de s'échapper). Ainsi, le Crime, ce n'est plus en regard de Dieu qu'il se pose (le curé de *I Confess* est lié au crime du bedeau par le serment de la confession), mais en regard du père de famille[72], comme si, dans la référence à l'obscurantisme canadien-français (ce n'est pas sans raison si Hitchcock avait choisi de situer son film sous « le ciel de Québec »), Lepage voulait souligner que la très problématique paternité postmoderne était la continuation de la descente aux enfers symboliques du signifiant paternel. Le trop plein du Dieu de la confession tue (meurtres chez Hitchcock, suicide de la mère chez Lepage), mais l'absence de père ne tue pas moins (le suicide du fils). Pas de juste milieu. À moins que ce pont symbolique, qui fait le partage entre deux espaces, ne soit précisément l'expression du milieu à trouver...

À cette représentation efficace de la figure paternelle dans *Le confessionnal,* Lepage ajoute la question politique dans son troisième film, *Nô,* réalisé en 1999. Ce film est ni plus ni moins une nouvelle version déprimante du *Confort et l'indifférence* de Denys Arcand. Encore une fois, deux époques, deux regards sur la paternité. *Nô* commence sur la découverte par l'héroïne qu'elle est enceinte. Bien qu'elle ait un conjoint, Michel, un felquiste, Sophie ignore qui est exactement le père. Cependant, elle fera une fausse couche deux jours plus tard, au début des événements d'Octobre. Le film se termine sur le soir de la défaite référendaire de 1980. Selon Michel, le Québec et le Canada sont comme « une sorte de couple » qui essaie désespérément de partager un projet commun, mais qui n'a pas d'identité commune. Passant alors de l'idée du couple politique à celle du couple privé, Michel suggère à Sophie qu'ils aient un enfant. Se rappelant sa fausse couche de jadis, Sophie

---

72. Lequel, en raison d'un diabète mal soigné, finira ses jours aveugle. Ce n'est plus le fils œdipien qui est le criminel, mais le père. À ce sujet, si l'enfant de Marc est aussi atteint de diabète, le premier geste de Pierre qui témoigne de son désir de faire de cet enfant son fils adoptif, c'est de dénicher l'argent qui permettra à l'enfant de soigner efficacement la maladie ; de telle sorte que soit éliminé le risque symbolique que l'enfant commette un jour le crime du père de famille, de l'ancêtre.

lui demande comment il aurait réagi si, dix ans plus tôt, elle lui avait appris qu'elle était enceinte. Michel de répliquer qu'il y a dix ans, ils étaient occupés à changer le monde : « On n'avait pas de carrière, on n'avait pas de moyens. Les choses ont changé, t'as une carrière, j'ai une carrière, on a une carrière, on a des moyens. Qu'est-ce que t'en penses ? ». « Ouais ». Alors, jouant sur les chiffres pour interpréter le sens de ce « ouais » à 40,5 %, jusqu'à ce qu'il se transforme en « oui » ferme à 50,5 %, ils conviennent d'avoir un enfant...

Jusqu'à la fin, jusque dans les chiffres, Lepage maintient habilement, avec humour, l'analogie entre le désir de fonder une famille et le désir politique de fonder un pays. Il y a une démocratie du couple. Mais cette équivalence métaphorique entre le pays et la famille masque superficiellement l'enjeu véritable du propos, qui est la reconnaissance implacable d'un décalage entre l'idée politique et la raison familiale. Tandis que l'échec d'Octobre se traduit symboliquement par l'impossibilité de donner naissance à un enfant (la fausse couche), la défaite référendaire débouche sur la possibilité de la naissance d'un enfant mais sans pays. Il y a donc un désaccord profond entre la paternité (avoir un enfant) et l'indépendance. Celle-ci était possible en 1970 (on voulait changer les choses), celle-là l'est en 1980 (« les choses ont changé »), mais elles paraissent impossibles en même temps. Cela précisément parce que nous sommes dans une société de fils, où la paternité et le pays sont renvoyés dos à dos plutôt que de s'accorder.

Cela dit, peut-être doit-on comprendre *Le confessionnal* et *Nô* à la lumière l'un de l'autre. Ils ont en commun un ratage : l'enfant illégitime dans le premier cas, la fausse couche dans le second, mais aussi un espoir : l'adoption par Pierre de l'enfant de son frère, dans le premier film, se prolonge dans le projet de refaire un enfant dans l'autre. La logique narrative et psychologique du *Confessionnal* suggérerait symboliquement que l'enfant à venir de *Nô* est l'enfant de 1980, celui qui en 1989 se trouve un nouveau père dans le personnage de Pierre (on notera d'ailleurs que Lepage a eu recours à la même actrice, Anne-Marie Cadieux, pour interpréter le rôle de la mère et de la future mère). En 1970, on parlait de politique au détriment de l'enfant ; en 1980, on peut parler d'enfant parce qu'il y a visiblement échec du politique ; en 1989, il n'est plus du tout question du discours politique, reste seule la question du père. Question problématique. Un jour pourtant, il faudra bien que l'enfant et le pays coïncident...

L'ALIÉNATION POSTMODERNE

Jusqu'à présent, j'ai voulu montrer comment le discours – historique, politique, littéraire, culturel – se construit comme représentation d'une structure symbolique *qui d'office parle le père,* et combien, à cet égard, le destin du Québec est on ne peut plus problématique. Aujourd'hui, de quelque façon que j'observe la situation québécoise, je ne vois pas comment penser la question du père sans poser la question nationale, ni comment penser la question nationale sans une réforme sociale qui redonnerait à la figure paternelle une position symbolique hégémonique. Ces deux aspects sont inséparables : réaliser l'indépendance politique, c'est se donner la possibilité de définir une nouvelle forme de paternité symbolique. L'indépendance n'est qu'un moyen pour passer au rang de père.

Je dis « la figure paternelle » par commodité, mais ceux que le mot dérange pourront entendre : « quelque chose qui en tienne lieu ». Je conserve le mot pour rester cohérent avec la première partie de cet essai. Parler de Loi ou de Référence, comme le fait Pierre Legendre dans ses travaux sur l'institutionnalisation du sujet, est une autre façon de signifier l'autorité. Ce qui compte, c'est de rétablir la structure qui permet de penser culturellement et éthiquement la civilisation, qui permet donc de penser la fonction qui tient lieu du Nom-du-Père : « un tiers, médiateur du désir de la mère et de l'enfant, [qui] fasse argument à cette fonction pour que soit signifiée son incidence légalisante et structurante[1] ». Comment rétablir cette structure ? Par les forces conjuguées de l'indépendance politique et d'un nouveau projet de société, qui redonnerait à la figure

---

1. Joël DOR, *Le père et sa fonction en psychanalyse,* Ramonville Saint-Agne, Érès, 1998, p. 20-21.

paternelle une place centrale. Il ne s'agit pas d'une représentation figée que la société se donnerait d'elle-même, mais au contraire de ménager un espace pour que le père, concept fondateur de la culture, se construise indéfiniment, dans l'ordre de la filiation et de la transmission de l'héritage.

Penser l'indépendance sans ce projet social est inutile. Et inversement, penser ce projet sans l'indépendance est tout aussi vain. En 1964, donc en pleine réforme tranquille, Pierre Vadeboncœur insistait sur la concordance nécessaire du projet social et du projet national :

> *Il me paraît clair que l'idéal indépendantiste implique une critique du capitalisme, de la situation religieuse, du système d'éducation, du syndicalisme, de la culture, etc. L'indépendantisme se présente donc comme un moyen de renouveler notre vision. Il est d'essence révolutionnaire*[2].

On ne saurait mieux dire, car il en va de toute l'histoire et de l'accès à la maturité collective : passer d'une vision de fils à une vision de père. Et Vadeboncœur dit bien que l'indépendance « implique », qu'elle se présente comme un moyen, c'est-à-dire qu'elle est un préalable et non pas un outil accessoire. Or, le Québec a bel et bien renouvelé sa « vision », il s'est modernisé, mais il a laissé sa « révolution » inachevée : il a tenté tant bien que mal d'assumer le meurtre du père clérical en construisant une nouvelle structure sociale, mais il a été incapable d'assumer parallèlement le meurtre du père politique. Et c'est bien pourquoi, depuis les événements de 1837-1838, nous ne cessons de réactualiser la révolte, dont le point culminant a été les référendums de 1980 et de 1995. Incapables de passer au rang de père, nous paraissons condamnés à rejouer sans cesse, comme un mauvais *remake* de série B, les conditions de notre révolte contre le père. Si bien que, malgré le renversement du père clérical, nous restons foncièrement des fils en devenir – ou des pères ratés, ce qui n'est

---

2. Pierre VADEBONCŒUR, « L'indépendantisme : voie d'évitement ou voie royale ? », *Lettres et colères, op. cit.,* p. 164.

guère mieux. Des fils ratés quand nous nous positionnons contre le Canada ; des faux pères quand nous croyons avoir bien en main le destin social du Québec, alors que précisément notre société trahit sans équivoque la complaisance avec laquelle elle se confine dans une position de fils. Incapable d'achever le processus, de passer au rang de père, le Québec se trouve à se maintenir dans une posture de fils d'autant plus insidieuse que les réformes sociales et la réussite économique tendent à masquer cette posture, donc à masquer le problème.

Aujourd'hui, l'actualité de ce qu'écrivait Vadeboncœur il y a presque quarante ans, à savoir la nécessité d'accorder l'indépendance et une nouvelle vision des structures et des rapports sociaux, est criante. Toutefois, autant l'indépendance que ce projet de société me paraissent difficiles à réaliser, car non seulement il s'agit de porter vers l'avant une volonté nationale dont le bagage psychologique est particulièrement lourd, mais cette volonté se heurte de front à la perversion économique et à la déstructuration des liens sociaux de l'univers postmoderne. Je formulerais ainsi le problème auquel le Québec me paraît actuellement confronté : il y a un effet de structure (passer au rang de père) qui commande de faire l'indépendance ; mais cette structure est en train de se défaire sous la pression du triomphe postmoderne, qui se définit véritablement comme l'ère du fils. L'univers postmoderne – je le définirai ainsi en ce qui concerne le cas du Québec –, c'est l'incapacité de passer au rang de père, c'est l'exaltation de la posture du fils[3].

Bref, passer au rang de père implique non seulement la réalisation du projet national, mais le projet national *contre* le postmodernisme. Il ne serait pas approprié que je m'attarde trop sur la question du projet postmoderne ou néo-libéral. Outre que je sortirais du cadre de réflexion que je me suis imposé, de nombreux penseurs ont très bien synthétisé ce projet et en ont dénoncé les abus. J'en dirai un mot dans le mesure seulement où le postmoderne est directement lié au déclin et à

---

3. En ce qui concerne le cas de la France et d'autres nations européennes, je le nuancerais comme suit : c'est l'exaltation de la posture du fils, mais par suite de la régression de l'état de père à l'état de fils.

l'abolition du signifiant paternel. Le postmodernisme n'est pas la cause de la remise en question du père, mais il forme l'horizon historico-philosophique nécessaire sur lequel se déroule cette perte. La chute du père serait l'expression la plus caractéristique du monde postmoderne.

MODERNITÉ ET POSTMODERNITÉ : CONTINUITÉ ET RUPTURE

Si la mondialisation des échanges ne date pas d'aujourd'hui, qu'elle remonte somme toute à la démocratie des Lumières – ce que certains se plaisent à argumenter pour la légitimer, comme si la durée devait la rendre plus acceptable –, c'est évidemment parce qu'elle est la conséquence pratique de la disparition du divin. La fin du patriarcat, ou plus précisément la mise en branle, avec la modernité, de la fin lente mais certaine du patriarcat, c'est le moment où le point de vue des fils s'est progressivement substitué au point de vue du père. C'est le passage du Moyen Âge à la modernité, j'en ai parlé antérieurement[4]. On le sait, le renversement radical de cette perspective filiale, opérée par la Révolution française, a été entériné progressivement par la France républicaine du XIXᵉ siècle. En ce sens, si la modernité est ce point de passage marqué par la mort du père, la postmodernité est le point d'aboutissement de la consécration du règne des fils, amorcée il y a plus de deux cents ans. Nous sommes graduellement passés d'un régime des pères à un régime des pairs, c'est-à-dire des fils. De ce point de vue (qui est celui de la question du père), la postmodernité n'est pas un moment de rupture, mais l'expression effrénée d'une *continuité* politique et juridique très nette. La postmodernité (disparition du père) ne s'oppose pas à la modernité (mort du père), elle en est le prolongement.

Cependant, cette continuité politique s'est accompagnée progressivement, jusqu'à un point de bascule qui se situe vraisemblablement dans le tournant des années 1950-1960 (le développement accru du système de consommation, la

---

4. Voir « Un cas particulier ».

révolution sexuelle, mai 68, etc.), d'une rupture du contrat démocratique et d'un aplanissement conséquent des valeurs. Le passage politique du père aux pairs s'est traduit socialement et économiquement par le passage de la hiérarchisation à l'égalisation des valeurs. La postmodernité se définit ainsi par la perversion de l'idéal démocratique de la modernité des Lumières ; cette fois-ci il n'y a plus continuité, mais *rupture,* car la postmodernité est *l'illusion absolue de la démocratie,* elle feint de créer l'égalité par l'aliénation des forces marchandes. Cette illusion est profondément perverse, sauvage, inhumaine, parce qu'elle marchande ce au nom de quoi elle prétend agir, à savoir l'égalité, la fraternité et la liberté.

Avant toute chose, ce que nous pourrions appeler la rupture démocratique se caractérise par l'abandon de la référence à une loi divine ; elle s'énonce ainsi autour d'un espace discursif sans repères, sans certitudes, sorte de lieu vacant où l'aléatoire et l'opinion se sont substitués au savoir et au devoir. La démocratie postmoderne est la démission devant toute responsabilité de fonder le sens comme croyance. Dans sa forme la plus dégradée, au-delà de l'échange économique, l'illusion démocratique brouille les références éthiques, elle prétend abolir les différences au nom d'une si curieuse reconnaissance des droits et libertés individuelles qu'on va par exemple jusqu'à prendre la défense d'un Dave Hilton ou d'un Maurice Boucher.

On a perdu toute mesure, c'est le cas de le dire. Mesure de jugement, mesure vis-à-vis de la reconnaissance de plus grand que soi, le premier cas étant la conséquence du second. Fernand Dumont est le premier, au Québec, à avoir mis en relief l'envers du système égalitariste :

> *Le meurtre de la tradition a fait de nous tous des frères. La démocratie, les idéologies plus récentes de la participation sont chargées de symboles révélateurs en ce sens : nous rêvons d'une affectivité purement égalitaire. Mais, comme en une suprême contradiction, nous subissons plus clairement que jamais la contrainte des organisations et l'irrationnalité de la puissance[5].*

---

5. Fernand DUMONT, « Le père et l'héritage », *loc. cit.*, p. 21.

Cette puissance irrationnelle, qui agit sournoisement, se fait essentiellement sentir par le règne de l'économique. Nous ne le savons que trop, le fin mot de la mentalité postmoderne, c'est l'économie. Le pouvoir économique régit absolument tout. L'étroite culture de la réussite et la pratique insensée de la performance sont les produits d'un discours, celui de la société marchande et du capitalisme financiarisé, qui réduit le monde à une seule dimension (économique) et qui doit sauvagement sa mise en place fonctionnelle à la négation de la loi et à la promotion du malaise démocratique. Que l'économie soit notre nouveau Dieu, nous le savons au moins depuis Marx et Balzac (ce n'est pas Louis-Philippe qui règne, mais l'Argent, dit un personnage de *La cousine Bette*). Au Québec, Ferron, avec tout le génie qu'on lui connaît, fondait dans les années 1960 la figure divine de l'argent dans le personnage de Papa Boss. Après la mort de la société canadienne-française, le Christ s'est bel et bien réincarné, mais dans un bel écu ruisselant[6]. La modernité, parce qu'elle est arrivée au Québec avec plusieurs décennies de retard, n'aura fait qu'un temps, pour céder rapidement la place à la postmodernité. Cette adhésion à l'économie sauvage, ce passage de la modernité à la postmodernité, c'est ce que Gabrielle Gourdeau appelle judicieusement « la répression tranquille ». En référence à la Révolution tranquille, Gourdeau note malicieusement que le mot « révolution » indique « l'accomplissement d'un tour complet sur nous-mêmes, du silence [devant le Clergé] au silence [devant les forces marchandes], de l'impuissance nationale à l'impuissance nationale, si l'on excepte les gains économiques, dévolus aux *happy few*[7] ». Voilà comment on passe tranquillement de la révolution à la répression, laquelle est surtout, à mes yeux, une « dépression tranquille ».

---

6. Ce qui donne des publicités souvent proprement scandaleuses, comme celle que la Banque Nationale fait paraître dans *Le Soleil* en septembre 2000 pour inciter les gens à investir à la bourse. En lettres majuscules rouges, ce seul message : « J'ai le sens des valeurs ». Comme perversion du sacré par la finance, on ne saurait trouver mieux.
7. Gabrielle GOURDEAU, *La répression tranquille,* Trois-Pistoles, Éditions Trois-Pistoles, 2000, p. 50-51.

L'économie a dès lors perverti le projet national. Depuis la Révolution tranquille, le Québec a développé des compétences reconnues internationalement, en particulier sur les plans culturels et technologiques, qui témoignent d'une situation dans le champ du savoir qui tranche de façon on ne peut plus radicale avec la société canadienne-française. Dans un sens, diront plusieurs, c'est pour le mieux, puisque cela se traduit en gains économiques. Ils n'ont pas tout à fait tort, en dépit d'extrêmes inégalités sociales que génère la quête du profit. Sauf que l'économique occupe maintenant tout le champ de la réflexion civique, jusqu'à s'imposer comme la principale raison d'être de l'indépendance. En 1980, les libéraux fédéraux étaient parvenus à traumatiser une partie de la population en jouant la carte de la déchéance économique du Québec advenant l'indépendance. Cherchant à contrer le discours fédéral, le Parti Québécois s'est empressé de reprendre l'argument économique pour justifier la nécessité de l'indépendance. Faut-il que nous ayons perdu le sens de l'histoire ? Vouloir sortir le Québec du carcan canadien par l'argument économique, c'est à la fois se masquer le véritable problème et dénaturer la nécessité légitime de l'indépendance.

On oublie, en effet, que l'indépendance est tout ce qu'il y a de plus naturel et légitime – cependant que l'argument économique disqualifie ce naturel en finissant par faire croire naturel qu'il faut de bonnes raisons pour faire l'indépendance ! D'aucuns ont insisté sur ce point, notamment Jean Larose, pour qui la souveraineté est « rampante », parce que, « de lyrique qu'elle fut, la voici devenue "rentable"[8] », soumise à l'ordre économique. « La souveraineté n'a pas à se justifier. Elle est souveraine ou elle n'est pas la souveraineté[9] ». « Obliger la souveraineté à se justifier, en estimer la valeur à tel ou tel prix, n'est-ce pas la nier en son principe ?[10] », demande-t-il pertinemment. De la même façon que l'on a désacralisé la figure du père, l'idée même de la souveraineté se trouve viciée par les divers

---

8. Jean LAROSE, *La souveraineté rampante,* Montréal, Boréal, 1994, p. 9-10.

9. *Ibid.,* p. 16.

10. *Ibid.,* p. 17.

accommodements qu'on propose (de René Lévesque à Bernard Landry). Non seulement le Québec ne sait pas s'il veut faire l'indépendance (la population est divisée), mais ces accommodements, avant même le vote, trahissent l'incapacité politique de passer au rang de père. Quand Jean Chrétien et Stéphane Dion prétendent que la question n'est pas claire, et qu'il faudrait demander : « êtes-vous pour ou contre la séparation ? », ils n'ont pas tort d'un point de vue symbolique. Car cela revient à demander : « tuez-vous ou non le père, allez-vous finir par le tuer pour de bon, par assumer ce meurtre ? » C'est en vertu d'une telle question, qu'on ne pose pas mais qu'énoncent symboliquement quatre siècles d'histoire, qu'on apporte toutes sortes de ménagements de partenariat tout aussi inappropriés les uns que les autres (inappropriés en ce qu'ils précèdent l'indépendance) ; on croit ces aménagements liés à des stratégies partisanes, alors qu'ils sont simplement les symptômes criants de notre incapacité historique à passer, au-delà du meurtre, au rang de père.

De la même façon que l'indépendance doit se faire en dehors de l'argument économique, et ainsi recouvrer son espace de liberté le plus légitime, elle ne peut pas se passer d'un projet de société qui se désaliène de l'économique. Un projet qui fasse obstacle à l'individualisme sauvage, à la « dimension unique », celle du « je » aliéné par sa quête individualiste, incapable de souffrir le moindre obstacle parce que de moins en moins capable de se situer vis-à-vis des autres.

Dans le mythe freudien du parricide, le père mort revient « faire lien » sur la base d'une identification idéalisante du fils au père. Alors que les fils de la horde existaient par la certitude paranoïaque d'être détestés également par le père, le processus de l'idéalisation symbolique inverse ce processus et fait en sorte de créer l'illusion qu'il y a un père qui aime chacun des fils du même amour. Alors que le fils de la horde est détesté, le fils de la foule (de l'identification) est aimé ; le premier est un ennemi (« il »), l'autre est un fils (« tu »). C'est sur la reconnaissance de ce « tu » que se forment le lien social et le lien religieux. Au sujet du lien religieux, le passage du dieu vengeur et de la Loi excessive de l'Ancien Testament au dieu fraternel, miséricordieux et soucieux d'égalité du Nouveau Testament, est parfaitement symptomatique des enjeux de la question du père et de la représentation que l'humanité va progressivement se donner de son évolution du « il » au « tu ». Comme le dit Freud, « [u]n courant démocratique parcourt l'Église, justement parce que devant le Christ tous sont égaux, tous ont part égale à son amour[11] ». Mais qu'arrive-t-il quand Dieu n'existe plus, sur quel mode la civilisation doit-elle fatalement s'énoncer quand l'amour du père chute ? Sur le mode de la postmodernité. Eu égard à la fin de l'histoire, la postmodernité consacre le règne du « je », où les fils cessent de se mesurer à un paradigme paternel.

La modernité n'était pas autre chose que ce passage vers une subjectivité toujours plus assumée, dangereusement assumée, car à se donner sa propre histoire, la subjectivité en vient à nier le sens même de l'histoire qu'elle fonde. Comme le note si bien Dany-Robert Dufour, avec la modernité, « la distance à ce qui me fonde comme sujet » vis-à-vis de l'Autre « ne cesse de se raccourcir[12] ». Or, l'émergence postmoderne est la sanction de ce raccourci, un raccourci ultime, qui mesure la déficience béante du lien social, l'impossibilité pour le fils de s'identifier (l'image fondatrice hiérarchique paternelle a été remplacée par l'horizon égalitariste des fils), l'érosion peut-être fatale du symbolique, l'évacuation d'un père devenu si peu consistant que le surmoi défaille et cède devant le lien incestueux à la mère. Le passage postmoderne au « je » signifie le règne de personne parce que c'est celui de tout le monde. Le règne du « je », la royauté de l'unanime à l'ère de la privatisation, c'est celui de la « masse » qui a succédé à celui de la horde et de la foule : cette masse « devenue maîtresse de notre centre, alors qu'il n'y a plus de centre[13] ». Le règne du

11. Sigmund FREUD, « Psychologie des foules et analyse du moi », *Essais de psychanalyse,* Paris, Petite Bibliothèque Payot, 1990, p. 154.

12. Dany-Robert DUFOUR, « Serge Leclaire, l'invention d'une psychanalyse citoyenne », préface à Serge LECLAIRE, *Écrits pour la psychanalyse,* t. 2, Paris, Seuil/Arcanes, 1998, p. 16.

13. Pierre VADEBONCŒUR, « La grande implosion », *L'humanité improvisée, op. cit.,* p. 60.

non-sens, de la non-histoire (qui est une façon non *correctness* de caractériser ce qu'on appelle « la fin de l'histoire »), de la non-pensée (autre façon non *correctness* de dire « la pensée unique »). Mort de l'Autre, mort de la littérature[14], mort de la psychanalyse, mort de la conscience humaine. Nous sommes dirigés par des « normalopathes », selon l'heureuse formule de Pierre Hébert, c'est-à-dire ceux qui opèrent une censure des esprits par la normalisation à l'aune du commerce et du capital, « [c]ar nous nous préparons une société composée d'automates productifs asservis par l'État ; le *clonage* le plus dangereux n'est peut-être pas celui que l'on croit[15] ». En fait, la compréhension du « clonage » des cerveaux participe d'une évolution historico-philosophique, s'insère à même l'histoire du sujet et sa transformation postmoderne en « individu »[16]. Dans ces conditions, même parler de « l'occupation pure et simple des consciences[17] », comme le fait Pierre Vadeboncœur, c'est peut-

---

14. L'histoire nous condamne peut-être à dire « je », à écrire au « je », à devenir tous, pourquoi pas, des écrivains. Perversion postmoderne de l'article 11 de la *Déclaration des droits de l'homme et du citoyen* : « La libre communication des pensées et des opinions est un des droits les plus précieux de l'homme ; tout citoyen peut donc parler, écrire, imprimer librement, sauf à répondre de l'abus de cette liberté dans les cas déterminés par la loi ». À ce sujet, on consultera l'ouvrage d'Henri RACZYMOW, *La mort du grand écrivain. Essai sur la fin de la littérature,* pour qui « la mort de la littérature est fondamentalement inscrite dans le projet démocratique » (*op. cit.,* p. 24).

15. Pierre HÉBERT, *La nouvelle université guerrière,* Québec, Éditions Nota bene, 2001, p. 64.

16. Jean Baudrillard est sans doute l'un de ceux qui a le mieux cerné l'absence de relief de l'individu postmoderne. En entrevue, il rappelait, dans des termes qui font froid dans le dos, que le sujet historique reposait sur une division, alors que l'individu « n'est plus affronté à une véritable altérité. C'est le rapport du même au même. Il y a une espèce d'individualité qui est plutôt de type clonesque, clonique ou clonale, qui donc n'est pas le sujet. [...] Cet individu-là n'est par prêt de passer, parce qu'il fait corps avec le fonctionnement de masse, le fonctionnement réseau, comme une sorte d'idéologie de défense, de couverture. Mais il n'a pas beaucoup d'intérêt ; il n'a pas de valeur stratégique ; je ne vois pas ce qu'on pourrait faire avec ça, comment on pourrait relancer un ordre politique, ou un désordre, une perspective subversive, révolutionnaire. Reste un individu sans alternative, sans altérité » (François EWALD, « Baudrillard : le sujet et son double », entretien avec Jean Baudrillard, *Le Magazine littéraire,* n° 264, avril 1989, p. 19).

17. Pierre VADEBONCŒUR, « Le refus bis », *L'humanité improvisée, op. cit.,* p. 89.

être encore trop peu dire. Il est plus simple d'abolir le sens, de s'abolir du sens, large plaie mécanisée, informatisée, au centre du lien social lobotomisé. Pour paraphraser Paul Chamberland, que cite Vadeboncœur, des milliards d'écrans disent le refus du Père[18]. Alors que la modernité rejoue incessamment le parricide, la postmodernité déclare qu'il est plus simple de cesser de jouer.

À vrai dire, il n'y a sans doute guère de différence entre le clonage technologique ou le clonage économique, car ils sont liés par la dérive du sens même de la liberté auquel les assigne la volonté de toute-puissance. Cette dérive, qui signifie un refus du père, qui signifie que le sens n'est désormais accessible non par lui-même mais qu'il se déduit du non-sens qui fonde l'horizon néo-libéral, il semble que la dise massivement l'empire techno-scientifique. En effet, il est bien évident, comme le dit Denis Jeffrey, que les « devoirs techno-scientifiques » procèdent d'une « religion matérialiste qui n'accepte pas l'essence même de l'homme religieux, c'est-à-dire sa fragilité, son imperfection, sa mortalité[19] ». Paul Chamberland, on le sait, dit les choses on ne peut mieux :

> *La technologie, la marchandise. Nous nous sommes confiés aux choses après les avoir machinées. Nous avons fait de leur splendeur et de leur déchet notre destin.* Fascinés *par nos prolongements spectacularisés. Dieu ne connaît pas d'autre destin, il nous a suivis dans notre propre disparition.* […] *Nous avons mis au point une théologie* perverse. *Nous accomplissons le détournement du divin dans la performance « fatale » des machines, des « effets »*[20].

---

18. « Des milliards d'écrans disent le refus de Dieu » (Paul CHAMBERLAND, cité par Pierre VADEBONCŒUR, *ibid.*, p. 81).

19. Denis JEFFREY, « La toute-puissance technoscientifique, le râteau et le sacré », dans Serge CANTIN et Rober MAGER (dir.), avec la collaboration de Claude SAVARY, *L'Autre de la technique. Perspectives multidisciplinaires,* Sainte-Foy/Paris, Presses de l'Université Laval/L'Harmattan, 2000, p. 164.

20. Paul CHAMBERLAND, *L'inceste et le génocide. Ouverture pour un livre de morale,* Longueuil, Le préambule, 1985, p. 46.

Le discours mondialisant conduit *tranquillement* à l'abolition de la structure symbolique, que fonde la loi du père, réalisant les pronostics nietzschéens sur le dernier des hommes. Le dernier des hommes, somme toute, ne serait ni fils ni père ; sans altérité pour se penser, il ne serait rien du tout, il figurerait comme une excroissance d'un paysage déshumanisé. Ce jour-là, nous aurons bel et bien atteint « le degré zéro de l'éthique[21] » et « le degré zéro de la mémoire[22] ».

Bref, il fut un temps où l'on « pratiqua » le père avec foi. Puis un temps où ce fut sans croyance. Puis un temps sans père et sans croyance. Enfin, c'est le temps qui finira par faire défaut.

Je résume. La perte du sacré ne pouvait que déployer l'horizon de l'économie des marchés sur lequel nous nous situons, qu'énoncer le règne de l'utilitaire, des choses, des objets, au rang desquels graduellement, proportionnellement, nous nous sommes abaissés. À nous y enfoncer jusqu'au cou, jusqu'au sacrifice de notre propre liberté de pensée. À force de nier, la liberté s'est résorbée dans l'acte même par lequel nous croyions l'affirmer. Une fois de plus, il faudrait revenir à Nietzsche, à l'affirmation suivante, que Maurice Blanchot jugeait centrale :

> *Cette affirmation, c'est celle de l'homme comme puissance infinie de négation, pouvoir d'être toujours égal à ce qui le dépasse, autre qu'il n'est, différent de soi, c'est l'insatisfaction sans mesure et sans limite, la contestation devenue passion et volonté de sacrifice* [...]. *La négation de Dieu est donc bien liée à quelque chose de positif, mais ce positif est l'homme comme négativité sans repos, pouvoir de nier Dieu sans fin : liberté[23].*

---

21. Paul CHAMBERLAND, « Est-ce qu'il y a quelqu'un ? », *Spirale,* n° 168, septembre-octobre 1999, p. 6.

22. Fernand DUMONT, *L'avenir de la mémoire,* Québec, Nuit blanche éditeur, 1995, p. 51.

23. Maurice BLANCHOT, « Du côté de Nietzsche », *La part du feu,* Paris, Gallimard, 1980, p. 285.

Ce qui est essentiel, c'est cette répartition des valeurs qui oppose le sacré transcendant à une liberté qui s'aliène par la volonté de démesure dont elle a soif. Essentiel non pas, bien sûr, au sens où cela nous est indispensable, mais strictement parce que nous en sommes là, parce que ce constat est la lucidité à laquelle nous sommes confinés *ici et maintenant,* parce qu'il faudra bien tôt ou tard agir *contre.*

Il faut, contre cela, inventer une nouvelle éthique de la paternité, qui ne serait pas l'esclave d'une autorité abusive, mais qui ne sacrifierait pas davantage (surtout pas) à l'absence – paradoxalement – quasi légalisée d'autorité. Et cela presse. Le Père, ou ce qui peut en tenir lieu, me semble porter en soi toute la raison du monde, tout le pays comme une boussole, comparable au télescope de Léon de Portanqueu dans *L'amélanchier* de Ferron, cet autre récit des origines. Je n'accuse pas, je n'accuse personne, mais je refuse tout d'un bloc. Je refuse, au nom du sens et de la dignité humaine, au nom du sens de la dignité humaine, une civilisation qui vise la liquidation de l'Autre et du sujet de l'énonciation au profit de sa propre néantisation incestueuse et normalisation technique et cybernétique. Je refuse sans oublier cette interrogation angoissée d'un personnage de Bernanos : « Mais que vous servirait de fabriquer la vie si vous avez perdu le sens de la vie ?[24] ».

---

24. Georges Bernanos, *Œuvres romanesques. Le journal d'un curé de campagne,* Paris, Gallimard, coll. « Bibliothèque de la Pléiade », 1974, p. 1046.

REFONDER LA FIGURE PATERNELLE

Je voudrais d'abord revenir sur les conditions historiques du projet national. Dans *Passer à l'avenir,* Jocelyn Létourneau consacre tout un chapitre à la métaphore du « pays comme enfant », métaphore forgée par Fernand Dumont et qui donne son titre à un ouvrage de Serge Cantin, *Ce pays comme un enfant.* Il va sans dire que Létourneau discrédite la métaphore qui lie l'intellectuel à un devoir de mémoire, à « une révolution de la Mémoire[1] » qui fait appel aux ancêtres et à la conversion du passé douloureux. Dans cette perspective, l'intellectuel qui porte son pays comme un enfant aurait le mandat de le conduire à l'âge adulte, c'est-à-dire à l'indépendance. À mes yeux, la compréhension de cette métaphore fait problème. En effet, la métaphore incite à déduire que l'intellectuel est en position de père vis-à-vis du pays, alors que, tout au contraire, cette position paternelle est précisément conditionnelle à la fondation politique et juridique du pays. La question n'est pas de se comporter en père pour faire naître un pays, mais l'inverse : il faut faire naître le pays pour pouvoir devenir père. Ce que l'intellectuel porte dans ses bras, c'est plutôt sa part d'ombre, sa propre incapacité à se faire père. Dans son rapport au pays qu'il doit faire naître, l'intellectuel projette sa propre infantilisation. Et c'est bien sûr dans cette part d'ombre que se situe le rapport aliénant d'intériorisation de l'Autre dont s'est nourrie la pensée des années 1960 inspirée par les thèses de Fanon et de Memmi, et que, trente ans plus tard, faisant le bilan sociopolitique et idéologique du Québec, Fernand Dumont

---

1. Ce sont les derniers mots de l'ouvrage de Serge Cantin : « C'est dire que la nouvelle Révolution tranquille sera une révolution de la Mémoire, ou qu'elle ne sera pas » (Serge CANTIN, *Ce pays comme un enfant,* Montréal, l'Hexagone, 1997, p. 208).

identifie comme un « premier niveau de conscience historique[2] », qui rejoint inévitablement le niveau symbolique que
j'essaie de mettre en lumière à partir de la métaphore
paternelle.

Ce discours étonnement tenace, ce « premier niveau » ou
« niveau symbolique », je ne vois pas très bien comment nous
pourrions, pour l'instant, en faire l'économie. C'est pourquoi
on aura beau reprocher, comme le fait Jocelyn Létourneau, à
« tous les grands intellectuels canadiens-français et franco-
québécois, depuis Garneau jusqu'à Dumont », une vision de
l'histoire qui traduit, « à des degrés variables de modulation, de
subtilité et de complexité », « la condition québécoise sous le
mode de la tragédie, de l'hibernation, du parcours infléchi, de
la survivance dans le repli et le retrait[3] », il reste un fait : cette
conscience historique n'est pas tant le produit d'une réalité
événementielle que ce qui procède, en tant que construction
intellectuelle, d'un profond malaise identitaire. Or, à quel titre
pourrait-on contester une démarche intellectuelle, indépendantiste en l'occurrence, *que légitime d'office la dynamique signifiante qui la fonde* ? Comment, en d'autres mots, disqualifier la
construction intellectuelle que quelqu'un fait de sa vie et de sa
collectivité, sous prétexte qu'elle « reste au fond prisonnière de
cette mélancolie qui surdétermine ou inspire l'histoire par laquelle l'on donne sens, cohérence et matière dense au passé des
Québécois[4] » ? N'y aurait-il pas ici, au contraire, un discours
intellectuel qui se trouve d'emblée justifié du fait non pas qu'il
est *dicté* par l'histoire, mais parce que, comme tout discours
d'essayiste, il *prend conscience* de l'histoire collective à partir
de sa propre histoire intime – au sens fort du terme, l'histoire
intime étant vue comme pourvoyeur de sensibilité et d'intuition
qu'ultérieurement la connaissance et le savoir sont amenés à
fonder, à formuler dans le cadre d'une représentation[5] ?

---

2. Fernand DUMONT, *Genèse de la société québécoise, op. cit.,* p. 138.

3. Jocelyn LÉTOURNEAU, *Passer à l'avenir. Histoire, mémoire, identité
dans le Québec d'aujourd'hui, op. cit.,* p. 116.

4. *Ibid.,* p. 118.

5. Ce que Létourneau n'ignore pourtant pas, pour qui, reprenant la formule de Jean-Phillipe WARREN, « l'écrivain pense le monde en se pensant lui-
même » (*ibid.,* p. 109).

Jocelyn Létourneau n'a pas tort quand il affirme que c'est « par le souvenir d'un passé éprouvant, parfois navrant, que [l]es Québécois médiatisent généralement leur rapport au monde[6] » ; mais je ne le suis plus lorsqu'il voit dans la volonté indépendantiste une incarnation du mal. Sans doute faut-il une fois pour toute sortir de cette idéologie nostalgique, que certains qualifient d'« idéologie du ressentiment » ; il semble pourtant que seul le projet national soit susceptible de fonder cette perspective de sortie, en vertu du propre système structurel de représentation auquel il renvoie historiquement. La question du projet national est structurelle ; dans la logique signifiante de l'histoire du Québec, ou si l'on veut dans la capacité du Québec à penser son propre destin, le projet national, qui symboliquement équivaut à un « devenir père », relève d'une complexion psychologique qu'on ne saurait ignorer, au risque d'errer. Et c'est sans doute ce que sentait bien Fernand Dumont lorsqu'il affirmait être nationaliste « par nécessité[7] ». Dans ces conditions, l'on ne saurait saisir la fidélité aux ancêtres comme cette sorte de masochisme existentiel que décrit Létourneau, mais plutôt la comprendre en l'inscrivant dans un long parcours de fondation du pays qui du coup orchestrerait la refondation symbolique de la figure paternelle. Cette refondation de la figure paternelle est capitale, car elle est l'unique façon de liquider le sentiment d'échec et le ressentiment, qui sont des symptômes d'une incapacité à faire l'histoire. Alors, nous pourrions quitter la voie du nationalisme, cette « forme d'impulsion de jeunesse[8] », comme le disait Aquin, et passer à autre chose, enfin.

---

6. *Ibid.,* p. 16.

7. « Par nécessité », c'est-à-dire en vertu de la prise de conscience du *système de représentations* dans lequel se construisent une vie et le destin du pays. Je rappelle notamment cette réflexion du *Lieu de l'homme* : « Au ras de l'existence, nous sommes pris aux réseaux infinis de symboles familiers. La perception spontanée ne me livre pas une *nature,* mais d'abord un environnement qui ait un sens pour moi. Si j'ai le sentiment premier d'être au monde et pour le monde, c'est que je vis dans la continuité de ces significations sans cesse tissées entre moi, les objets et les autres hommes » (Fernand DUMONT, *Le lieu de l'homme, op. cit.,* p. 83).

8. Hubert AQUIN, « La fatigue culturelle du Canada français », *Blocs erratiques, op. cit.,* p. 100.

Certes, il y a cette fatigue, cette « grande fatigue, cette sournoise tentation de la mort[9] » qui nous pèse et qui serait le pire ennemi de l'indépendantiste ; cette « grande fatigue collective qui se dissimule derrière l'alibi de la mondialisation de l'économie, du respect des droits de la personne ou du multitrans-culturalisme, où l'on nous exhorte à disparaître[10] ». Mais comment, à force d'endosser la posture du fils, ne pas être fatigué, ne pas être tenté par des envies suicidaires ? L'on n'en sortira donc jamais, de cette attitude infantilisante du refus de la loi ? Dans *Première jeunesse,* le héros de Larose établit cette comparaison : « Moïse et Pharaon », c'est « Borduas crachant *Refus global* à la figure d'une société figée[11] ». De fait, *Refus global* a été l'un des principaux cris de révolte qui marquent la fin du père clérical ; or, ce cri révolté n'a produit que des « enfants » du *Refus global,* selon le titre du film de Manon Barbeau. Aujourd'hui, notre fatigue culturelle est à ce point que le digne refus de la loi de 1948 s'est transformé en une rigolade sans fin de la loi. Les messages publicitaires qui infantilisent l'image du père, les festivals du rire et musée de l'humour, sont des signes particulièrement révélateurs d'une dévaluation abrutissante du signifiant paternel. L'humour, auquel se prêtent écrivains, artistes et politiciens (c'est sympathique et politiquement correct) est devenu le détour obligé du culturel. Le Québec est à bout de fatigue, il se meurt de rire ; c'est le meilleur antidote (mais l'antidote n'est toujours que l'autre face du symptôme), semble-t-il, à la culpabilité inconsciente qui le ronge.

Cela dit, le vrai problème n'est pas cette fatigue, dont on se croit d'autant plus la victime qu'on se convainc d'être fatigué, que l'absence d'un projet de société capable de fonder une paternité éthique. Non pas construire un projet éthique dans l'optique de la morale téléologique qui oriente la compréhen-

---

9. Ce sont les derniers mots de l'essai de Jean Bouthillette, *Le Canadien et son double* : « Mais à l'heure de tous les possibles et des échéances déchirantes, ce que doit d'abord vaincre notre peuple, c'est sa grande fatigue, cette sournoise tentation de la mort » (*op. cit.,* p. 97).

10. Serge Cantin, *Ce pays comme un enfant, op. cit.,* p. 126.

11. Jean Larose, *Première jeunesse, op. cit.,* p. 61.

sion de l'histoire de Jocelyn Létourneau, mais plus simplement parce que ce projet est constitutif de toute figure paternelle digne de ce nom, celle qui fonde l'ordre symbolique comme transmission des valeurs sociales et culturelles.

Sans doute faudrait-il, pour comprendre le sens du projet éthique, s'interroger sérieusement sur l'évacuation brutale des repères métaphysiques avec la Révolution tranquille, et en tirer quelques leçons. Car s'il ne fait aucun doute que la défaite des Patriotes explique structurellement les conditions de l'imaginaire québécois contemporain, il faut y ajouter la mort de Dieu dans les années 1950. Que l'on ait évacué la figure paternelle cléricale avec la rapidité que l'on sait est aussi suspect, quant à la capacité d'assumer collectivement le parricide, que notre difficulté à abolir la figure paternelle politique. J'ai suffisamment montré, j'espère, la place que la métaphore religieuse occupe dans la pensée intellectuelle et romanesque, fût-ce sous la forme de la perte, pour que l'on soit convaincu de la nécessité d'entreprendre une réflexion à ce sujet. François Ricard parlait d'un « véritable cataclysme culturel », d'une « véritable révolution copernicienne », observant qu'

> [i]*l ne s'agit pas seulement d'une modification des structures socio-économiques et idéologiques ; il s'agit aussi, et peut-être en dernière analyse, d'un bouleversement qu'on pourrait dire anthropologique. Ce ne sont pas seulement les modes d'échange et de production qui se transforment, ni les seuls rapports sociaux, c'est l'homme même, c'est-à-dire la conscience qu'il a de lui-même et sa connaissance de l'univers où il vit. Le temps n'est plus le même, ni la vie, ni la mort, ni le savoir, ni rien de ce qui compose la théorie de l'existence. Les dieux ont chaviré*[12].

Ils ont chaviré pour tous ; ce que André Glucksmann appelle « la troisième mort de Dieu » : après être mort sur la croix, après Marx et Nietzsche, Dieu meurt une troisième fois, cette

---

12. François RICARD, « Notes sur le roman paysan », *La littérature contre elle-même, op. cit.,* p. 133-134.

fois-ci pour les citoyens dits ordinaires. La mort de Dieu n'est plus seulement affaire d'intellectuels, elle se vit quotidiennement dans le nivellement des consciences, dans l'abrutissement des échanges économiques et des techniques. La troisième mort de Dieu ou ce que, en d'autres termes, Pierre Hébert appelle la « Troisième Guerre mondiale, celle justement de la mondialisation[13] ».

Il ne s'agit pas de rétablir sans distinction ce qui a été défait – cela est évidemment impossible depuis longtemps –, comme si l'Église représentait une figure paternelle acceptable ; au contraire, et à cet égard Hubert Aquin savait ce qu'il faisait en plaçant dans un rapport d'équivalence « Dieu » et la « Confédération », car dans les deux cas il s'agit « d'une grandeur infinie qui le confronte[14] ». L'Église n'est pas plus désirable que le Canada. Mais seulement, il faut bien reconnaître qu'il aurait fallu moderniser les valeurs canadiennes-françaises dans une nouvelle figure paternelle (plus équitable) ; on a préféré tout raser et évacuer la référence paternelle, oubliant scandaleusement que le parricide n'est pas un but mais un moyen pour « passer à l'avenir », c'est-à-dire pour définir une nouvelle représentation de la paternité. « Ce n'est point Dieu qu'il s'agit de remplacer, c'est sa place même qui ne se trouve plus[15] ». Or, cette place, il nous faut la reconstruire, car il en va du sens même de l'humain ; cette place ne peut être que de l'ordre du sacré.

C'est que le repositionnement du fils québécois vis-à-vis de l'histoire et du Canada de Trudeau, à la faveur de l'évacuation du clergé, nous a fait tout simplement rejeter les valeurs mêmes à partir desquelles il eut été possible de construire une modernité qui conserve un sens. La haine de l'Église, propor-

---

13. Pierre HÉBERT, *La nouvelle université guerrière, op. cit.,* p. 38.

14. Hubert AQUIN, « La fatigue culturelle du Canada français », *Blocs erratiques, op. cit.,* p. 101. À la même époque, Gilles Leclerc évoque ce « cauchemar : voir dans l'abrutissement de tout un peuple l'expression de la volonté de l'Histoire et celle de Dieu » (Gilles LECLERC, *Journal d'un inquisiteur,* Montréal, Éditions de l'Aube, 1960, p. 13).

15. André GLUCKSMANN, *La troisième mort de Dieu,* Paris, Nil, 2000, p. 25.

tionnelle à la démesure du pouvoir que nous reconnaissions à celle-ci, nous a fait oublier que ce n'était pas le totem qu'il fallait renverser, mais le rapport d'autorité qui *lie* au totem qu'il fallait modifier. Pour qu'on comprenne bien la pertinence des valeurs « modernisées », je dirais à ce sujet ce que j'ai dit de la figure paternelle, à savoir que ce qui importe, ce n'est pas tant le mot que sa fonction (quelque chose qui tienne lieu de père) : quelque chose qui tienne lieu du sacré. Ou, pour formuler les choses sous la forme d'un paradoxe qui heureusement n'en est pas un, il s'agirait de réinvestir des valeurs religieuses sans être celles de la religion, de reconstituer une sensibilité critique ouverte à l'espace métaphysique. Il n'y a pas d'autres façons de refonder la figure du père, parce que l'autorité est de l'ordre du sacré et du croyable ; mais le croyable n'est pas la religion, celle-ci n'est « que la manifestation imaginaire et sociale du croyable », comme le dit Willy Apollon. Le psychanalyste explique :

> *On a cru qu'en se débarrassant de la religion, on se débarrassait de la dimension du croyable, mais la religion n'était que la manifestation imaginaire et sociale du croyable. Dieu, dans l'évolution de l'humanité, n'est que le nom de ce qui fait trou dans le langage, soit la contingence et l'irreprésentable de ce qui est sans garantie. Cette dimension du croyable ne se réduit pas à la religion, elle la précède et la dépasse. On ne peut pas supprimer de l'être humain ce devoir éthique fondamental qui le rend responsable de l'incertitude du rapport qu'il y a entre ce qui est dit et ce qui est[16].*

Ayant rappelé que, « pour le psychisme du sujet et pour la structure subjective de la sexualité, il faut une autorité paternelle », Apollon conclut :

> *Il ne suffit pas d'être dans la position du père pour être père. Mais il faut l'exiger, car la signification de la*

---

16. Willy APOLLON, « La question du père », dans Marie-Blanche TAHON et Denyse CÔTÉ (dir.), *Famille et fragmentation,* Ottawa, Les presses de l'Université d'Ottawa, 2000, p. 123.

> *paternité, c'est de représenter la dimension du croya-*
> *ble dans la famille, pour la préserver de l'effraction de*
> *l'obscène qui annule toute coexistence*[17].

Il en va, à mon avis – et bien au-delà du Québec, qui cependant à ce chapitre ne donne pas sa place, au contraire, et malheureusement réclame peut-être la première –, du sort de la culture, du sort de la civilisation occidentale. Des grandes civilisations aux grandes utopies politiques du XXe siècle, toutes n'avaient pas d'autres sources que religieuses, et Freud a bien montré, à ce sujet, comment le rapport du peuple au chef se formait sur le mode de la métaphore paternelle. Le danger est lorsque l'autorité se confond avec le pouvoir, lorsque le chef lui-même se prend pour dieu, comme ce fut le cas dans le communisme stalinien ou le nazisme. Ne pourrait-on, pour sortir de la « panne d'imagination politique[18] » qui afflige le Québec, commencer par envisager le développement d'un projet national qui réaffirme l'importance de la Loi sans verser dans l'excès et la répression tout en maintenant des valeurs sacrées pour instruire le lien social et familial ? Il faut faire le pari de la refondation sociale et politique de la figure paternelle, car un projet national qui ne tient pas compte des leçons symboliques de la métaphore paternelle me paraît à l'avance voué à l'échec. Et de l'échec, nous en avons soupé, moi du moins.

Le Québec de la Révolution tranquille a liquidé un héritage paternel certes abusif à maints égards, mais dont il a été incapable de réintroduire dans une forme moderne les principales valeurs, au risque de rendre symboliquement inopérante une situation politique qui conduirait à l'indépendance. Le père ne peut pas se contenter d'être un signifiant politique : une paternité sans croyance culturelle transcendante sera toujours bancale. Reste alors le désarroi, le nôtre actuellement[19], auquel le

---

17. Willy APOLLON, « La question du père », *loc. cit.,* p. 124.

18. Selon la formule du récent manifeste produit par le Collectif des Journées sociales du Québec (Guy PAIEMENT et Michel RIOUX, « Penser autrement la politique », *Le Devoir,* 26 octobre 2000, p. A7).

19. Je rappelle notamment, à ce sujet, les propos de Georges Leroux en 1995 : « Je crois que nous sommes devant le désarroi. Personne ne le dit trop

philosophe Marc Chabot, avec raison, n'hésite pas à lier le taux
exorbitant de suicides chez les hommes québécois[20]. Françoise
Loranger disait en 1969 : « La mort de Dieu, du moins de Dieu
tel que les religions nous le présentaient autrefois, coïncide
trop avec la mort du père, également tel qu'on se plaisait à le
voir autrefois, pour n'être qu'une coïncidence[21] ». Et Fernand
Dumont, reconnaissant que « la crise de la paternité est liée
essentiellement à la crise de la culture contemporaine[22] », de
spécifier (rejoignant la théorie psychanalytique du « Dieu-
symptôme », mais sur son versant déconstructif) : « Au lieu de
"la mort de Dieu", peut-être faudrait-il parler d'un extraordinaire effort de conjuration de la figure paternelle[23] ». Cela est
aujourd'hui évident. L'ensemble de ces réflexions ne fait que
rappeler la logique du lien religieux que dégageait Freud à
partir des années 1910 environ, au moment où son intérêt se
déplace de la figure de la mère à la figure du père. Tant il est
vrai que l'idée de Dieu dérive du meurtre du père, c'est conséquemment par la relation au père que le sujet va déterminer son
ordre de croyance. Dans *Un souvenir d'enfance de Leonard de
Vinci*, Freud écrit explicitement :

> *La psychanalyse nous a fait connaître le rapport intime
> entre le complexe paternel et la croyance en Dieu,
> nous a montré que le Dieu personnel n'est*

---

officiellement, personne n'ose l'avouer parce que, évidemment, comme
discours, ça n'a pas beaucoup d'avenir et surtout ça ne peut pas être
beaucoup détaillé. Mais je crois que nous sommes devant le désarroi, et ce
désarroi gagne l'ensemble de notre société » (cité par Serge CANTIN, dans
« L'impasse révélée par la crise est toujours présente », *Le Devoir,* 16 octobre
2000, p. A7).
   20. « Pourquoi tant d'hommes se suicident-ils ? Nous avons désacralisé
le monde et nous devons vivre avec notre choix. Je pourrais écrire : nous
avons désacralisé le monde que l'homme avait fabriqué et nous devons vivre
avec notre choix » (Marc CHABOT, « Pourquoi tant d'hommes se suicident-
ils ? », *Le Devoir,* 14-15 mars 1998, p. A13).
   21. Citation de Françoise Loranger lors de la discussion qui fait suite à la
communication déjà citée de Michèle Lalonde reproduite dans *Interprétation, loc. cit.,* p. 229-230.
   22. Fernand DUMONT, « Le père et l'héritage », *Interprétation, loc. cit.,*
p. 18.
   23. *Ibid.,* p. 20.

> *psychologiquement rien d'autre qu'un père porté aux*
> *nues, et nous donne quotidiennement le spectacle de*
> *jeunes qui perdent la foi religieuse dès que chez eux*
> *s'effondre l'autorité du père*[24].

Le rapport au père détermine la position du sujet à l'égard de la religion. Cela me paraît fondamental, et nous aide à comprendre à la fois la désaffection postmoderne à l'égard de l'Église et le discrédit dont est simultanément frappée l'autorité du père de famille. En ce sens, la fameuse mort de Dieu s'offre comme un concept qui cristallise, sur les plans philosophique, social et familial, l'échec, ou à tout le moins le discrédit, de l'autorité et de la loi ; à sa suite, le reste pouvait bien mourir – mort du Sens, mort du Genre, fin de l'Histoire, et pourquoi pas mort du projet national.

Bref, comment justifier un pays sans le Sens qui le fonde ? La paternité socioculturelle est conditionnelle à la paternité politique, je le répète. La liberté est à ce titre. Le Québec a beau être structuré par un imaginaire qui appelle l'indépendance, il ne sera jamais un État indépendant digne de ce nom s'il ne cherche pas à rétablir dès maintenant les valeurs qui peuvent donner sens au projet national, qui doivent culturellement fonder la figure paternelle dans sa fonction d'ordre et de loi, génératrice d'un système de croyances, la figure collective de la maturité ; cette maturité que nous n'avons jamais vraiment eue, sinon sous la forme paradoxale d'enfants qui naissent vieux, selon l'expression consacrée. André Brochu remarquait qu'il « n'y a jamais eu, dans notre littérature, que des enfants et des vieillards », c'est-à-dire la description d'un paysage qui « n'a que deux couleurs » : « la naissance et la mort[25] ». Entre

---

24. Sigmund FREUD, *Un souvenir de Leonard de Vinci,* Paris, Gallimard, 1987, p. 156. Dans *Totem et tabou,* il revient sur la question : « Mais l'exploration psychanalytique de l'individu enseigne avec une insistance toute particulière que le Dieu de chaque homme est à l'image du père, que le rapport personnel à Dieu dépend du rapport au père charnel, qu'il oscille et se transforme avec ce dernier, et que Dieu n'est au fond qu'un père élevé à un rang supérieur » (Sigmund FREUD, *Totem et tabou, op. cit.,* p. 297.).

25. André BROCHU et Gilles MARCOTTE, *La littérature et le reste,* Montréal, Quinze, 1980, p. 13.

les deux brille l'absence du père. Dans *Florence,* Marcel Dubé faisait dire au père de famille : « C'est le problème chez nous, on ne reste pas jeune assez longtemps. On se dépêche de vieillir, on s'empresse de fermer les portes devant la vie[26] ». Créée en 1960, la pièce de Dubé offrait une dénonciation de la peur et de l'étouffement dans lesquels le pouvoir clérical tenait le peuple, qui, plutôt que de se révolter, obéissait et craignait le péché. Or, quarante ans plus tard, nous croyons que les choses ont changé parce que nous avons rejeté le poids de l'Église. C'est simplement se faire illusion, la liberté que nous croyons avoir acquise donne le change, et elle le fait de façon d'autant plus insidieuse qu'elle ne nous permet guère de voir qu'elle supplée à l'absence de liberté véritable. La vraie liberté ? Celle qui s'inscrit dans l'ordre paternel, un ordre juste. Or, nous avons rejeté l'Église, mais sans la remplacer par une figure de père plus équitable. La loi cléricale nous empêchait de nous faire père ; l'absence de loi aussi. À la place d'un père, des fils : c'est la fameuse « génération lyrique ».

La génération lyrique, en effet, consomme la rupture avec le père, de telle façon qu'il n'y aura plus désormais de commune mesure entre le passé et le nouvel ordre du monde à construire : « l'édification du monde futur ne pourra se faire que par l'abolition du monde actuel et du monde ancien, la transgression des normes reçues, le rejet de l'héritage[27] ». Curieusement – implacablement –, la génération lyrique retrouvait la situation qui avait été celle des colons de la Nouvelle-France. Nous savons que ceux-ci n'ont cependant pas eu le temps de s'émanciper en raison de la Conquête. Le problème est semblable pour la génération lyrique : en oubliant de refonder le père symbolique qu'elle rejetait, cette génération se condamnait à ne devoir jamais se faire père elle-même, à rester éternellement jeune, à cultiver un état perpétuel d'enfance ou d'adolescence, à vivre dans l'exaltation d'un mode de vie et de pensée juvénile ; et partant, elle condamnait ses

---

26. Marcel DUBÉ, *Florence,* Montréal, Leméac, 1970, p. 113.
27. François RICARD, *La génération lyrique. Essai sur la vie et l'œuvre des premiers-nés du baby-boom,* Montréal, Boréal, 1992, p. 24.

propres enfants, sans père, à la situation signifiante dont les parents des baby-boomers avaient voulu sortir ses enfants. Le résultat est exactement le même que trente ans plus tôt. Mathieu Bélisle, étudiant de maîtrise à l'université McGill, écrivait récemment dans *Le Devoir* :

> *Les gens qui composent la génération lyrique n'ont souvent pas vieilli – ils en ont la phobie –, ils sont demeurés dans une large mesure immatures et narcissiques. Ce sont leurs enfants qui ont vieilli pour eux, qui ont vieilli avant eux. […] La nouvelle génération est peuplée de « vieux » jeunes qui se sont élevés seuls*[28].

Et, pourrait-on ajouter, qui n'ont par conséquent aucune chance de se faire père. Voilà comment une nation se détruit elle-même, comment elle s'empêche d'être. Je pourrais multiplier les témoignages comme celui de cet étudiant. Celui-ci encore, qui conclut de son appartenance « à une génération qui n'existe tout simplement pas » : « Quand on a trente ans, on n'est ni cynique ni vivant ; on est las. Et on est très vieux[29] ». On le voit, nous sommes revenus au constat que faisait André Brochu il y a vingt ans, constat qui venait lui-même vingt ans après celui consigné par Marcel Dubé. Au Québec, somme toute, l'âge d'homme est une terre inabordable. Est-ce qu'on ne pourrait pas un jour finir de rêver, d'errer, et refonder la figure paternelle pour faire enfin accéder la société québécoise au statut (qu'elle n'a jamais eu) d'une *modernité mature* et ainsi lui redonner un sens (qui est corrélatif à une affirmation forte de l'indépendance politique) ? À l'heure de la mondialisation des marchés, du nivellement sauvage de la culture et du règne abrutissant des techno-sciences, sans compter l'ignorance confortable dans laquelle se trouve la majorité des Québécois quant à la nécessité de repenser les rapports individuels et

---

28. Mathieu Bélisle, « Les jeunes d'aujourd'hui ne peuvent plus se payer le luxe de l'engagement », *Le Devoir,* 9 janvier 2001, p. A7.
29. Ianik Marcil, « La lassitude de la trentaine », *La Presse,* 21 janvier 2001, p. A15.

sociaux[30], le rétablissement urgent d'un certain ordre symbolique est un défi de taille, c'est le moins qu'on puisse dire.

Par ailleurs, la refondation de la figure paternelle s'oppose non seulement au discours antinationaliste d'un Létourneau (sans parler ici des thèses méprisantes d'un Marc Angenot), mais encore à ce discours national récent axé sur la reconnaissance des identités plurielles et qui prétend sortir l'identité du cadre national, dont Jocelyn Maclure se fait le porte-parole, avec un art des nuances et des compromis qui fait honneur à l'auteur. Dans *Récits identitaires. Le Québec à l'épreuve du pluralisme,* Jocelyn Maclure propose une conception du nationalisme québécois qui s'inspire en particulier des thèses de Guy Laforest et de James Tully. Renvoyant dos à dos les « nationalistes mélancoliques » et les « antinationalistes » (Angenot, Robin), Maclure propose un nationalisme qui refuse de se penser dans le cadre de ce qu'il appelle de façon quelque peu réductrice la « trame historique unitaire et téléologique[31] », au profit de la reconnaissance du pluralisme ethno-culturel. Dans ce cadre, « [l]a dignité et la liberté des citoyens dépendraient donc davantage de la possibilité de modifier les règles du jeu et de l'association politique, au rythme où change leur identité, que de la mythification d'un acte politique fondateur[32] ». C'est là l'expression parfaite d'un espace de socialité offert à la jouissance exclusive dans le partage des affiliations

---

30. Selon le sondage réalisé par CROP dont faisait état *L'Actualité* en octobre 1999, « [l]a société ne valorise pas l'autorité [...]. Les francophones veulent l'horizontalité totale dans les rapports entre individus. Entre les patrons et les employés, les parents et les enfants, les professeurs et les élèves. Nous avons une génération de parents un peu perdue, qui ne sait pas comment s'y prendre. Le modèle est à inventer », commente Alain Giguère (Carole BEAULIEU, « Radiographie d'un peuple contradictoire », *L'Actualité,* 15 octobre 1999, p. 30). Dans un autre sondage publié deux ans plus tôt dans le même magazine, il semblerait que 95 % des gens voient dans l'absence fréquente du père auprès de l'enfant « un problème important », mais que la grande majorité « ne renient pas pour autant les nouveaux modèles familiaux qu'ils ont créés au cours des dernières années » (Carole BEAULIEU, « À la recherche du père modèle », *L'Actualité,* 15 octobre 1997, p. 36).

31. Jocelyn MACLURE, *Récits identitaires. Le Québec à l'épreuve du pluralisme, op. cit.,* p. 212.

32. *Ibid.,* p. 125.

identitaires et au détriment de tout enjeu identificatoire et formateur de la loi. Le concept des identités plurielles est une autre façon de disqualifier la figure paternelle et de consolider le régime des fils. Ce discours ne fait que poursuivre le développement politique du fils et du discours égalitaire, et par conséquent agrandit l'aliénation dont il sous-estime grandement ou banalise complètement l'importance structurelle. Loin de moi l'intention de contrecarrer les identités dites plurielles, et certes je suis bien d'accord, à ce sujet, pour concevoir la communauté comme un espace de « délibération » et d'« articulation » plutôt que comme l'exigence d'une « fusion »[33] ; cependant, il y a dans la reconnaissance pratique de cette vision des choses un risque de dérapage éthique, où le mouvement débridé des identités entraînerait un laxisme institutionnel qui non seulement ferait dépendre le politique de l'identitaire, mais abolirait le politique et l'éthique au profit de la seule satisfaction identitaire. À ce point de non-retour, l'identité, comme la liberté, n'en serait plus une ; or, précisément comme la liberté, l'identité a besoin d'un ancrage qui lui tienne lieu de loi pour encore pouvoir se dire identité. En d'autres mots, se profile ici une conception postmoderne de la communauté qui équivaut à une démission de l'histoire, une vision qui fait en sorte que la communauté dérive au gré des identités et se contente de suivre ce qui n'aurait plus d'histoire que le mot, au lieu de faire l'histoire. Je ne dis pas qu'il faut refuser une « identité politique fondée précisément sur le respect de l'altérité et la reconnaissance du caractère hétérogène de la culture partagée[34] », mais qu'il faut que cette identité politique soit arrimée à un cadre national, sans quoi il y aura inévitablement dissolution de l'identité, de l'éthique, du sens, de l'humain. Enfin, notons-le, cette idéologie du métissage culturel obéit *stricto sensu* à la rectitude politique, ce qui limite considérablement sa portée argumentative[35].

---

33. *Ibid.*, p. 197.
34. *Ibid.*, p. 203.
35. En conséquence de quoi je suis, nous sommes *suspects*. Accusant le coup, le « suspect » Alain Finkielkraut pouvait écrire : « Vous voilà

Il ne s'agit évidemment pas de poser un cadre national réducteur et impérialiste qui postule une adéquation d'ordre ontologique entre l'individu et la communauté, ni de revendiquer une identité insécable qui se définit en termes de pureté ou de substance, donc de nier l'apport culturel migrant et de refuser de reconnaître que les identités sont de plus en plus diverses, plurielles, mais d'intégrer les nouvelles balises identitaires dans le cadre politique d'un pays multiculturel qui rétablisse ce qui dans la structure signifiante fait problème et permette aux citoyens d'un Québec indépendant de modifier leur rapport morbide à l'histoire. Cela ne signifie pas exiger des diverses communautés culturelles du Québec qu'elles se reconnaissent dans le discours historique, mais qu'elles *reconnaissent* ce discours, sans bien sûr s'y arrêter. Surtout sans que nous nous y arrêtions tous, car il importe précisément de dépasser l'histoire pour enfin pouvoir la faire, pour enfin pouvoir passer à autre chose, à la construction d'un projet de société auquel seraient naturellement conviées les multiples identités du Québec d'aujourd'hui et dans lequel serait définie une citoyenneté québécoise.

Il faut donc, certes, faire l'indépendance en accord avec le pluralisme identitaire, afin de pouvoir reconnaître ce pluralisme en toute dignité et prendre la mesure d'une réalité

---

prévenus : si vous estimez que la confusion mentale n'a jamais protégé personne de la xénophobie ; si vous vous entêtez à maintenir une hiérarchie sévère des valeurs ; si vous réagissez avec intransigeance au triomphe de l'indistinction ; s'il vous est impossible de couvrir de la même étiquette culturelle l'auteur des *Essais* et un empereur de la télévision, une méditation conçue pour éveiller l'esprit et un spectacle fait pour abrutir ; si vous ne voulez pas, quand bien même l'un serait blanc et l'autre noir, mettre un signe d'égalité entre Beethoven et Bob Marley, c'est que vous appartenez – indéfectiblement – au camp des salauds et des peine-à-jouir. Vous êtes un militant de l'ordre moral et votre attitude est trois fois criminelle : puritain, vous vous interdisez tous les plaisirs de l'existence ; despotique, vous fulminez contre ceux qui, ayant rompu avec votre morale du menu unique, ont choisi de vivre à la carte, et vous n'avez qu'un désir : freiner la marche de l'humanité vers l'autonomie ; enfin, vous partagez avec les racistes la phobie du mélange et la pratique de la discrimination : au lieu de l'encourager, vous résistez au métissage » (Alain FINKIELKRAUT, *La défaite de la pensée,* Paris, Gallimard, coll. « Folio », 1993, p. 154-155).

culturelle des plus enrichissantes. Vue sous un autre angle, la reconnaissance du mouvement identitaire, d'une identité en mouvement et pluraliste, où la différence s'énoncerait comme principe constructif de reconnaissance, sera peut-être la marque tangible que, selon un processus normatif, nous sommes passés au rang de père et que nous avons défait le lien incestueux au même et à l'Un. À l'heure où, comme le reconnaît Gérard Bouchard, « toutes les grandes identités se fragilisent, se défont ou sont menacées de se défaire, dans le monde ancien tout autant que dans le Nouveau Monde[36] », l'occasion est belle pour le Québec de se reconstruire un nouvel espace national que légitime, par l'indépendance, la réappropriation de l'histoire, et qui inclut les communautés culturelles. Alors que de nombreux pays européens qui, comme la France, font actuellement face au difficile défi de négocier, avec les nouveaux repères identitaires, une identité nationale depuis longtemps « créée sur un mode autoritaire » et « homogène[37] », le Québec a la chance inouïe de partir de zéro, en quelque sorte, et de se faire père de concert avec le pluralisme identitaire. Alors, indépendant de si belle façon, le Québec pourra enfin opérer avec pertinence et efficacité un certain nombre d'aménagements-associations à la manière des Lévesque et Landry, car il est fort probable, comme le pensent d'aucuns, que seules les nations « qui auront pu s'unir à de vastes ensembles économiques et politiques auront quelque chance d'agir sur leur propre destin et d'exercer une influence sur l'histoire[38] ». Dans ce cadre mondialisant peut-être inévitable, nous nous inscrirons au moins en lui apportant un sens, notre sens.

Mai-juillet 2001

---

36. Gérard BOUCHARD et Michel LACOMBE, *Dialogue sur les pays neufs, op. cit.,* p. 160.

37. *Ibid.,* p. 158.

38. Daniel JACQUES, *Nationalité et modernité,* Montréal, Boréal, 1998, p. 247-248.

INDEX DES NOMS

A

Angenot, Marc, 26, 53n, 102, 147
Ansermet, François, 53n
Apollon, Willy, 141, 142n
Aquin, Emmanuel, 72
Aquin, Hubert, 12, 43, 60n, 66-68,
 70-72, 78, 93, 96, 102, 103, 105,
 137, 140
Arcand, Denys, 81, 118
Archambault, Gilles, 65, 113-115
Arendt, Hannah, 48
Arguin, Maurice, 112n
Assoun, Paul-Laurent, 13, 15
Aubert de Gaspé, Philippe (fils), 94,
 95
Aubert de Gaspé, Philippe (père), 94

B

Baillargeon, Stéphane, 81
Balzac, Honoré de, 37, 56, 57, 126
Barbeau, Manon, 138
Barthes, Roland, 53, 56
Baudrillard, Jean, 130n
Bayard, Caroline, 63n
Beauchemin, Yves, 27
Beaulieu, Alain (historien), 30n, 31n,
 32n
Beaulieu, Alain (romancier), 72
Beaulieu, Carole, 147n
Beaulieu, Victor-Lévy, 45
Bédard, Pierre-Stanislas, 33
Bélisle, Mathieu, 146

Bernanos, Georges, 133
Bernard, Harry, 81
Bessette, Gérard, 65
Bessière, Jean, 53n
Biron, Michel, 115
Blais, Marie-Claire, 68
Blanchot, Maurice, 132
Bonnet, Jean-Claude, 39n
Borduas, Paul-Émile, 138
Bouchard, Gérard, 24, 25, 30n, 36,
 45, 150
Bouchard, Lucien, 104
Boucher de Boucherville, Georges,
 31n, 94
Bourque, Pierre, 44, 45
Bouthillette, Jean, 12, 102, 105-107,
 138n
Brochu, André, 116, 144, 146
Brault, Jacques, 62, 97, 115, 116n
Brossard, Nicole, 63

C

Cadieux, Anne-Marie, 119
Camus, Albert, 98, 109
Cantin, Serge, 103, 107, 131n, 135,
 138n, 143n
Carrier, Roch, 88
Casgrain, Henri-Raymond, 38
Cervantès, Miguel de, 17
Chabot, Marc, 143
Chamberland, Paul, 65, 79n, 103,
 112, 131, 132n

Charbonneau, Robert, 88
Charron, François, 38, 51
Chouinard, Ernest, 62
Chrétien, Jean, 41, 42, 128
Clark, Joe, 41
Cloutier, Joseph, 62
Conan, Laure, 63, 88
Côté, Denyse, 141n
Côté, Louis-Philippe, 62
Crémazie, Octave, 96

D

Daniel, Jean, 37
David, Jack, 63n
Defoe, Daniel, 17
Defouni, Séverine, 110n
Deleuze, Gilles, 55
Delrieu, Alain, 15
Delumeau, Jean, 28n, 29, 48n
Denonville, Jacques-René de Brisay
    de, 31
Desbiens, Jean-Paul, 101, 102
Diderot, Denis, 56
Dion, Jean, 111
Dion, Stéphane, 42, 128
Dor, Joël, 21n, 121n
Dostoïevski, Fédor, 53n, 55, 57n
Dubé, Marcel, 145, 146
Ducharme, Réjean, 68, 75, 80
Dufour, Dany-Robert, 129
Dumas, Alexandre, 57
Dumont, Fernand, 11, 12, 24, 37n,
    38, 44, 45n, 67n, 83-88, 90, 91,
    97, 103, 108, 115, 125, 132n,
    135-137, 143
Duras, Marguerite, 53n
Durham, lord, 93

E

Ewald, François, 130n

F

Faber, Duplessy, 30
Facal, Joseph, 44
Fall, Khadiyoutalah, 30n
Fanon, Frantz, 62, 65, 135
Faure, Élie, 16
Ferland, Rémi, 31n
Ferron, Jacques, 88, 97, 126, 133
Ferry, Luc, 54n
Finkielkraut, Alain, 148n, 149n
Flaubert, Gustave, 56
Fokkema, Douwe, 53n
Freud, Sigmund, 10, 14, 15, 17-19,
    45n, 53, 84, 87, 98, 101, 129,
    142, 143, 144n
Fukuyama, Francis, 48

G

Garneau, François-Xavier, 40n, 136
Garneau, Hector de Saint-Denys, 43,
    63, 96, 99-101, 106
Gauchet, Marcel, 48, 54
Gide, André, 57
Giguère, Alain, 147n
Girard, François, 81
Girard, René, 16n, 112
Glucksmann, André, 139, 140n
Godbout, Jacques, 65, 81
Goethe, Johann Wolfgang von, 74
Gourdeau, Gabrielle, 88n, 126
Grand'Maison, Jacques, 110
Grignon, Claude-Henri, 62
Grosrichard, Alain, 53n
Groulx, Lionel, 29n, 40
Guèvremont, Germaine, 62

H

Hamelin, Louis, 72-79, 88, 112, 115
Harel, Simon, 59n

Hébert, Pierre, 130, 140
Hémon, Louis, 59, 88
Hertel, François, 62
Hitchcock, Alfred, 116-118
Hotte, Lucie, 73n, 98n
Hugo, Victor, 57

J

Jacques, Daniel, 150n
Jeffrey, Denis, 131
Joli-Cœur, Félix-Antoine, 27

K

Krauss, Rolf, 18n
Kristeva, Julia, 16, 51, 57
Kushner, Eva, 53n

L

Lacan, Jacques, 10, 13, 15, 16, 20,
    21, 23n, 28n, 52, 53, 84, 99
Lacombe, Michel, 30n, 36n, 150n
Lacombe, Patrice, 58, 60
Lacoursière, Jacques, 30n
Laforest, Guy, 147
Lalonde, Michèle, 52, 60n, 143n
Lalonde, Robert, 88
Lamonde, Yvan, 33, 34, 35n
Landry, Bernard, 128, 150
Langevin, André, 65, 112
Laporte, Pierre, 42
Larin, Robert, 30n
Larose, Jean, 12, 45n, 79, 80, 95, 96,
    100, 127, 138
LaRue, Monique, 49
Laurier, Wilfrid, 41
Leclaire, Serge, 129
Leclerc, Gilles, 140n
Leduc, Louise, 44n
Legendre, Pierre, 121
Lemire, Maurice, 58n, 93

Le Moyne, Jean, 64, 100
Lepage, Robert, 116-119
Leroux, Georges, 12, 142n
Lesage, Jean, 39
Létourneau, Jocelyn, 24-27, 30n, 43,
    135-137, 139, 147
Lévesque, René, 128, 150
Lévi-Strauss, Claude, 16, 87
Lisée, Jean-François, 42, 104-106
Loranger, Françoise, 143
Lukacs, Georges, 56, 70

M

Maclure, Jocelyn, 27, 83, 103, 147,
    148n
Mager, Robert, 131n
Major, André, 65, 115
Malenfant, Paul-Chanel, 51
Mallarmé, Stéphane, 76n
Marcel, Jean, 97
Marchand, Clément, 60, 61n
Marchand, Jean, 41
Marcil, Ianik, 146n
Marcotte, Gilles, 39, 69, 71, 72n, 95,
    96, 100, 115, 144n
Marx, Karl, 126, 139
Matthieu, 117
Méla, Charles, 53n
Memmi, Albert, 62, 135
Miron, Gaston, 62, 65, 92n, 103, 112
Mouawad, Wajdi, 81
Mulliez, Jacques, 28n, 48n
Mulroney, Brian, 41

N

Napoléon, 55
Nelligan, Émile, 96
Nepveu, Pierre, 63-65, 96, 97n, 99,
    100
Nietzsche, Friedrich, 55, 109, 132,
    139

O

Ouellet, Fernand, 32, 33n
Ouellet, François, 98n
Ouellet, Réal, 30n, 31, 32

P

Paiement, Guy, 142n
Parent, Étienne, 34n
Parizeau, Jacques, 104
Pelletier, Gérard, 41
Poliquin, Daniel, 98
Popovic, Pierre, 95n, 100n
Porge, Érik, 13n, 15n
Potvin, Damase, 58
Proust, Marcel, 16, 57
Provencher, Jean, 30n

R

Raczymow, Henri, 69, 130n
Rhéaume, Harold, 81
Ricard, François, 72, 79, 139, 145n
Riel, Louis, 40n
Ringuet, 61, 115
Rioux, Marcel, 112
Rioux, Michel, 142n
Robert, Marthe, 12, 98
Robin, Régine, 51, 53, 147
Roche, Daniel, 28n, 29, 48n

S

Saint-Laurent, Louis Stephen, 41
Samson, Pierre, 72
Saussure, Ferdinand de, 84n
Savard, Félix-Antoine, 40, 59-62, 112
Savary, Claude, 131n
Shakespeare, William, 70
Simon, Claude, 57
Smart, Patricia, 63

Soucy, Gaétan, 72, 113
Stendhal, 56

T

Tadié, Jean-Yves, 98
Tahon, Marie-Blanche, 141n
Tremblay, Mylène, 30n, 31n, 32n
Trudeau, Pierre Elliott, 10, 41-43, 44n, 46, 99, 140
Trudel, Sylvain, 72
Tully, James, 147
Turgeon, Laurier, 30n

V

Vadeboncœur, Pierre, 11, 43, 44n, 83, 88-92, 122, 123, 129n, 130, 131
Valéry, Paul, 53, 57
Vallières, Pierre, 47n
Vanier, Denis, 96n, 112
Vaugeois, Denis, 30n, 96n, 112
Vigneault, Robert, 88n
Voltaire, 81n

W

Wallot, Jean-Pierre, 31, 33n, 36
Warren, Jean-Philippe, 136n
Weinmann, Heinz, 12, 27, 40n, 45n, 46n, 94n, 108

Z

Zafiropoulos, Marcos, 15n

TABLE DES MATIÈRES

AVANT-PROPOS   9

LA RÉFÉRENCE PSYCHANALYTIQUE   13
    Le discours signifiant   13
    Moïse le fils   17
    Parler le père   20

UNE HISTOIRE QUI ACHOPPE   23
    Le discours sur l'histoire de Jocelyn Létourneau   24
    L'histoire qui s'énonce comme discours   28
    Un cas particulier   47

UNE LITTÉRATURE DE LA RÉVOLTE ET DU SACRÉ   51
    L'ambivalence   57
    Le parricide   63
    Le sacré   68

UNE PENSÉE MYTHIQUE   83
    Fernand Dumont et la mémoire   84
    Pierre Vadeboncœur et la verticalité   88

ÉCRIRE LA CULPABILITÉ   93
    Un destin d'écriture   93
    La culpabilité   97
    L'exception victimaire   108
    Le cinéma de Robert Lepage   116

L'ALIÉNATION POSTMODERNE   121
    Modernité et postmodernité : continuité et rupture   124

REFONDER LA FIGURE PATERNELLE   135

INDEX DES NOMS   151

Révision du manuscrit : Isabelle Bouchard
Copiste : Aude Tousignant
Composition et infographie : Isabelle Tousignant
Conception graphique : Anne-Marie Guérineau

Diffusion pour le Canada : Gallimard ltée
3700A, boulevard Saint-Laurent, Montréal (Qc), H2X 2V4
Téléphone : (514) 499-0072 Télécopieur : (514) 499-0851
Distribution : SOCADIS

Éditions Nota bene
1230, boul. René-Lévesque Ouest
Québec (Qc), G1S 1W2
mél : nbe@videotron.ca
site : http://www.notabene.ca

ACHEVÉ D'IMPRIMER
CHEZ AGMV
MARQUIS
IMPRIMEUR INC.
CAP-SAINT-IGNACE (QUÉBEC)
EN SEPTEMBRE 2002
POUR LE COMPTE DES ÉDITIONS NOTA BENE

Dépôt légal, 3e trimestre 2002
Bibliothèque nationale du Québec